应急处置与安全自救

校内外学生运动安全管理与教育

张胜利 编著

吉林大学出版社

图书在版编目（CIP）数据

校内外学生运动安全管理与教育/张胜利编著．—长春：吉林大学出版社，2012.10

（应急处置与安全自救/李智能主编）

ISBN 978-7-5601-9141-6

Ⅰ.①校… Ⅱ.①张… Ⅲ.①体育锻炼—安全教育—中小学—课外读物 Ⅳ.①G634.963

中国版本图书馆 CIP 数据核字（2012）第 232984 号

书　名：校内外学生运动安全管理与教育

作　者：张胜利　编著

责任编辑：朱进　责任校对：崔小波　封面设计：刘玉艳

吉林大学出版社出版、发行　北京市联华宏凯印刷有限公司　印刷

开本：787×960 毫米　1/16　印张：11

字数：142 千字　2015 年 1 月第 1 版第 2 次印刷

ISBN 978-7-5601-9141-6　定价：29.80 元

社址：长春市明德路 501 号　邮编：130021

发行部电话：0431-89580026/28/29

网址：http：//www.jlup.com.cn

E-mail：jlup@mail.jlu.edu.cn

前 言

校园安全是指学生在校期间，由于某些偶然突发因素而导致的人为伤害事件。就其特点而言，责任人一般是因为疏忽大意或过失失职造成的，而不是因为故意而导致事故发生的。

校园安全工作是全社会安全工作的一个十分重要的组成部分，直接关系到青少年学生能否安全、健康地成长，更关系到千千万万个家庭的幸福安宁和社会稳定。

校外安全是指学生在校外期间，由于学生年幼无知和缺乏监护而导致的安全事故。学生校外安全是一个永远而沉重的话题，比如全国每年在暑假期间都有很多因为学生外出游泳溺水而亡的群体事件发生，还有触电、车祸、烧伤等事件发生，严重影响了青少年学生的生命安全。在我国，青少年学生意外伤害多数发生在学校和上学途中，而在不同年龄的青少年中，又以15至19岁意外伤害的死亡率最高。

校园内外学生的安全是我们每个师生、家长和社会十分关心的问题。广大学生作为特殊的群体，他们的健康成长与生命安全涉及千家万户，培养他们健康成长，保护他们生命安全，这是我们全社会的共同责任。据有关部门对中小学生安全问题的调查表明：中小学生中52.8%的认为比较安全，12.5%的认为自己不是很安全，还有34.7%的认为自己的安全状况“一般”。在调查是什么因素对中小学生安全影响最大时：有47.2%的认为“社会上的不良风气”影响最大，再依次是“学校周边的不良环境”占19.4%、“交通安全”占15.3%、“交友的不慎”占6.9%，“上经营性网吧”占2.8%，“其他”占8.4%。

可见，加强和保护中小学生校内外安全是一个系统工程，一是必须要做到广泛宣传，让全社会都来保护中小学生校内外安全和关心青少年犯罪问题，特别是学校要担负起重要责任；二是广大家长要正确关心、引导、管好孩子，要教育孩子随时注意自身安全；三是中小学生要加强校内外安全知识的学习，做到有备无患，增强人身预防和安全保护意识。

校园内外安全问题已成为社会各界关注的热点问题。保护好每一个孩子，使发生在他们身上的意外事故减少到最低限度，已成为中小学教育和管理的重要内容。特别是那些缺乏辨别能力、行为能力和避险能力的小学生，更应加强校内外安全的教育与呵护。我们应该深刻认识到：孩子们的安全比天大，成年人的责任比山重。

为此，我们在有关部门和专家指导下，特别编写了本套《应急处置与安全自救》，主要内容包括交通、用电、防火、运动、网络、黄秽、赌博、毒品、诈骗、盗窃、暴力、灾害、犯罪、疾病等安全问题的预防管理与教育培养，具有很强的系统性和实用性，是指导广大学生和学校进行安全知识管理与教育的良好读本，也是各级图书馆收藏和陈列的最佳版本。

目 录

第一单元 运动锻炼主要项目

第二单元 体育锻炼主要项目

第三单元　运动锻炼安全常识

第四单元　运动伤害防护常识

第五单元　体育课的安全常识

第六单元　体育运动中的安全预防

第七单元　运动安全急救常识

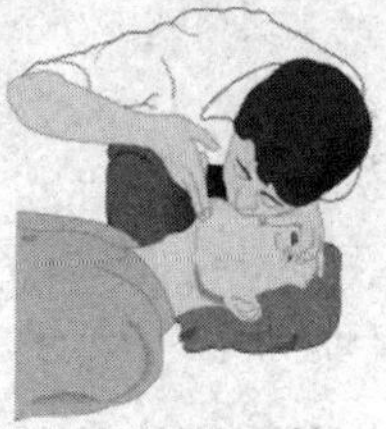

第八单元　学校体育运动安全

第九单元　校园运动安全主题活动

第一单元

运动锻炼主要项目

田径类基本常识

田径运动具有竞技体育的特点，无论是短距离径赛，还是中长距离走、跑项目，也无论是跳跃，还是投掷项目，都要求运动员能够发挥最好的体能和最大的意志力。田径比赛实际上是“强度”比赛。创造一项优异的田径成绩，反映着运动员的身体训练、战术训练的综合效果。

一、短跑

短跑指400米以下的短距离跑。比赛项目有：60、100、200、400米跑。短跑对内脏、神经和肌肉系统都有很大锻炼作用，对发展速度、力量、灵巧等素质效果明显，是田径运动的基本项目。短跑在其他运动项目的训练中也占有重要地位。古代奥运会已有短跑比赛，是历届奥运会竞争激烈的项目之一。

二、竞走

竞走是发展耐力的田径运动项目之一，其特点是两脚交替走步，步幅大，步频高，受一定规则的限制。1908 年第 4 届奥运会首次举行 3500 米和 10 英里竞走比赛。20 世纪 70 年代以来，女子竞走运动有很大发展。经常练习竞走可以增强两腿、肩背、腰部肌肉力量，提高呼吸系统及心血管系统机能。对改善神经系统活动能力，促进机体代谢有良好作用。竞走还可以培养吃苦耐劳的精神和坚韧不拔的毅力，是男女老少四季皆宜的户外运动。

三、跳高

又称急行跳高，田径运动跳跃项目之一。它是由助跑、单脚起跳、越过横竿与落地等动作组成。跳高作为比赛项目始于爱尔兰和苏格兰。1800 年跳高列为苏格兰运动会的比赛项目之一。从事跳高运动能增强腿部力量，提高弹跳能力，发展灵巧和协调性，还能培养勇敢、坚定、沉着、果断的品质。

四、跳远

又称急行跳远，是在助跑道上沿直线助跑，在跑进中用单脚起跳腾空，最后双脚落入沙坑的田径运动项目。在古代奥运会中即作为比

赛项目之一。1948 年伦敦举行的第 14 届奥运会，女子跳远才列为比赛项目。

五、推铅球

田径运动项目之一。规则规定在直径 2. 135 米的圆圈内，用单手将铅球由肩上推出，铅球必须落在 40 度角的扇形区内。推铅球的远度是由铅球的出手初速度、出手角度和出手高度三个因素决定的。第 1 届奥运会把推铅球列为比赛项目，铅球重量为 16 磅（相当于 7. 257 千克）。第 14 届奥运会增设了女子铅球比赛，铅球重量为 4 千克。

球类基本常识

一、篮球

用球向悬在高处的目标进行投准比赛的球类运动。最初是用装水果的篮筐做投掷目标，所以叫“篮球”，是 1891 年美国体育教师奈史密斯博士所创造的。1904 年第 3 届奥运会第 1 次举行了篮球表演赛。1908 年美国制定了全国统一的篮球规则，用多种文字出版，向全世界发行。篮球运动逐渐成为世界性运动项目。1932 年国际业余篮球联合会成立。1936 年第 11 奥运会后将篮球列为正式比赛项目，并统一了世界篮球竞赛规则。

国际上重大篮球竞赛除奥运会篮球赛、世界篮球锦标赛以外，还有传统的欧洲、亚洲、南美洲、中美洲，泛美运动会等地域性的篮球赛及世界大学生、中学生运动会篮球赛，世界军队和世界俱乐部篮球锦标赛。

篮球运动能促使力量、速度、耐力、灵活性等身体素质全面发展，提高内脏器官、感觉器官和神经中枢的功能，培养勇敢机智，集体主义和组织纪律性。

二、排球

两队对抗，每队 6 人分两排站位，以中间球网为界，用手击球过网以决胜负的一项球类运动，排球运动始于19世纪末，是1895年美国一体育指导员摩根所创造。他在室内挂起约2米高的球网，以篮球胆为球，同别人一起用手将球在网上拍来拍去，不使落地。

以后又把篮球胆改为排球。这种球是在空中打来打去，所以叫volleyball，就是空中击球的意思。1947年国际排球联合会在法国巴黎成立。1949年举办了第1届世界杯男子排球锦标赛。1952年举行了第1届世界女子排球锦标赛。1964年奥运会把排球列为正式比赛项目。1965年和1973年分别举行了第1届世界杯男、女排球锦标赛。1977年又举行了第1届世界青年男女排球锦标赛。

以上这些比赛都是每4年举行1次。排球运动能促进人体各器官系统的正常发育，使身体得到均衡发展，使人动作灵活，反应迅速，增长弹跳力，能培养勇敢、坚毅、机智、果断和集体主义等优良品质。

20世纪初，排球传入中国。1911年上海举行了第1届排球表演赛。1913年中国参加了第1届远东运动会排球比赛。1914年旧中国第2届全运会把男子排球列为正式比赛项目。1924年的全运会又把女子排球列为表演项目，1930年才列为正式比赛项目。中国男子排球队曾获得5次远东运动会冠军。新中国成立后，1954年国际排球联合会接纳中国排球协会为正式会员。1956年中国男女排球队首次参加在巴黎举行的世界排球锦标赛，女队获第 6 名，男队获得第 9 名。

1979 年 12 月，中国男女排球队双双战胜日本队和韩国队，第 1 次获得亚洲锦标赛冠军。1981 年 11 月在日本举行的第 3 届世界杯女子排球比赛中，中国女排 7 战 7 胜获得冠军。1982 年 9 月在秘鲁利马举行的第 9 届世界女子排球锦标赛和 1984 年 10 月在美国洛杉矶举行的第 23 届奥运会，中国女排又登冠军宝座。上世纪中国女排获得了“五连冠”，2001 年获得了世界杯冠军，为祖国争得了巨大荣誉。

三、足球

以脚为主支配球的一项球类运动。现代足球运动是世界上开展最广泛、影响最大的运动项目，被称为“世界第一运动”。公元 10 世纪以后，法国、意大利、英国等国有了足球游戏，到 15 世纪末叫做“足球”，后来逐渐发展成现代足球运动。1863 年 10 月 26 日，伦敦成立了世界第 1 个足球组织“英国足球协会”，统一了规则。人们把这一天当做现代足球的诞生日。

1901 年 5 月 21 日，法国、比利时、西班牙、荷兰、丹麦、瑞典、瑞士等 7 个国家的足球协会在巴黎召开代表会议，成立了国际足球联合会。从此，现代足球运动在世界发展越来越迅速，1896 年第 1 届奥运会足球是表演赛项目，第 2 届奥运会起列为正式比赛项目。规定只允许业余足球运动员参加。第 9 届奥运会后，国际足球联合会决定，自 1930 年起每 4 年举行 1 届世界杯足球比赛。目前，世界足球运动水平最高的国家都集中在欧洲、南美地区，其中巴西最享盛誉，3 次获得世界杯冠军。

足球运动能有效地提高力量、速度、灵敏、耐力等身体素质，增强中枢神经系统、心血管系统、呼吸系统等内脏功能，培养勇敢顽强、机智果断的品质和团结协作的集体主义精神。

四、乒乓球

由两名或两对选手，用球拍在中间隔一网的球台两端轮流击球的一项球类运动。乒乓球的特点是球小，进度快，变化多，趣味性强，设备比较简单，不受年龄、性别和身体条件的限制，具有广泛适应性和较高的锻炼价值。乒乓球比赛设有7个正式项目：男子团体，女子团体，男子单打，女子单打，男子双打，女子双打和男女混合双打。

乒乓球起源于英国，是由网球运动派生出来的。1890年左右，英格兰越野跑运动员吉布从美国带回一些玩具朗赛璐珞球，这种球打在空心球拍或木拍上发出“乒乓”之声，因而叫“乒乓球”。1926年12月在伦敦举行了第1届欧洲乒乓球锦标赛，召开了第1次国际乒联全体代表大会，通过了正式成立国际乒乓球联合会的决议和国际乒联章程，讨论了乒乓球规则，选举英国人蒙塔古为国际乒联第1任主席。

由于亚洲国家印度参加了第1届欧洲乒乓球锦标赛，国际乒联决定把这次比赛改名为第1届世界乒乓球锦标赛。1926—1951年举行过18届世界锦标赛，117项次冠军中欧洲选手取得109项次。1952—1959年日本队称雄世界乒坛，在7届世界锦标赛49项次冠军中，日本获得24项次，几乎占了一半。

现代乒乓球运动大约在1904年传到中国。1925年在上海举行了首届国际比赛（秋IU杯比赛），由中华队与旅华日侨队交锋。1930年中华队参加了第9届远东运动会乒乓球比赛。1936年国际乒联主席邀请中国加入国际乒联，参加第9届世界乒乓球锦标赛，但因缺少经费，未能参加。

中华人民共和国成立后，乒乓球运动得到了迅速普及和提高。

1959 年，容国团在第 25 届世界乒乓球锦标赛中为中国获得第 1 个男子单打世界冠军。自 1959 年至 1987 年，中国乒乓球队共参加了 13 届世界乒乓球锦标赛，总计获得 5 项次冠军。自第 36 届以来，男子团体获得“四连冠”，自第 33 届以来，女子团体获得“七连冠”。

中国乒乓球队不愧是一支长盛不衰的战斗集体，不愧为一支勇攀世界体育高峰的运动队，为世界体育运动和祖国体育事业的发展，做出了宝贵贡献。

五、羽毛球

一项在室内外都可进行的小型球类运动。比赛时，一人或两人为一方，中隔一网，用球拍经网上往返击球，使球落在对方场地上或使对方击球失误而得分。这项运动器材设备简单，便于开展，男女老少都能参加。羽毛球又是比较剧烈的竞赛项目，要求运动员具有较好的力量、速度和耐力，步法灵活，反应敏捷，技术全面。现代羽毛球运动始于英国。

1877 年第 1 次成文的羽毛球比赛规则在英国出版。1893 年英国羽

毛球协会成立。1899 年举办了“全英羽毛球锦标赛”，每年举行 1 次，一直沿袭至今，1934 年成立国际羽毛球联合会，1939 年通过了共同遵守的羽毛球规则。1948—1949 年度举办了第 1 届汤姆斯杯比赛。1956—1957 年度举办了第 1 届尤伯杯比赛。1977 年在瑞典举办了第 1 届世界羽毛球锦标赛。

1978 年 2 月，亚洲地区发展中国家发起成立了世界羽毛球联合会（简称世界羽联）与国际羽联并存。1978 年 11 月，世界羽联举办第 1 届世界羽毛球锦标赛，1979 年 8 月举办了第 1 届世界杯团体赛和第 2 届世界羽毛球锦标赛。1981 年 5 月国际羽联和世界羽联合并，统一称为国际羽毛球联合会。

水上运动基本常识

水上运动是在各种水域里，依靠肢体动作或借助于船艇和其他器物进行的体育运动。可分三类，水上竞技项目，包括游泳、跳水、水球、花样游泳等；划船运动项目，包括赛艇、皮划艇、帆船等；滑水竞技项目，包括水橇、滑水板、冲浪等。游泳是各项水上运动的基础。

一、游泳

凭借自我支撑力和推进力在水中游动的一项运动，包括竞技游泳和实用游泳。

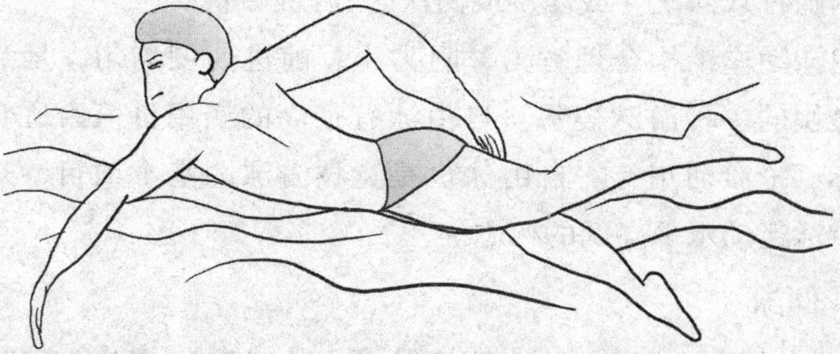

游泳游泳是一项古老的运动，是世界文明古国最先发展起来的运动技能之一。早在史前时代，人们就靠游泳来渡过江河。希腊神话中也有很多关于游泳的记载。中国古代的游泳出现很早，相传大禹治水时，人们在与洪水搏斗中发明了很多泅水方法。

作为一项运动，游泳直到 19 世纪开始才得到普及。1837 年，英国成立了国家游泳协会并开始举行比赛，也是最早把游泳作为体育运动项目的国家。1869 年，英国创立了业余游泳协会。1896 年第 1 届奥运会确定游泳为正式比赛项目。1908 年伦敦奥运会首次使用游泳池作为游泳比赛场地，并在奥运会举办期间成立了国际游泳联合会。1973 年，该协会在前南斯拉夫贝尔格莱德举办了首次世界游泳锦标赛。

现在奥运会采用电子计时，可以达到百分之一秒的精确度。游泳对匀称地发展肌肉，增强耐寒力，锻炼内脏特别是心肺功能，促进人体新陈代谢，以及培养勇敢顽强的意志等，都有很大好处。

二、自由泳

自由泳是模仿人体爬行的一种游泳姿势，所以自由泳又称爬泳。自由泳在各种比赛中速度最快，因此比赛中人们都采用自由泳，爬泳目前已成为自由泳比赛中唯一采用的游泳姿势。

游自由泳时身体俯卧在水中几乎与水面平行，两腿上下交替鞭状打水，两臂轮流空中前移，肩前入水，经腹下向后划水，身体纵轴随着两臂划水自然转动，头同时侧转呼吸。动作配合：一般是两臂各划水一次，两腿打水六次（或四次或两次），呼吸一次。

自由泳动作结构合理省力，阻力小，前进速度均匀，是当前世界上速度最快的一种游泳姿势。自由泳有很高的实用价值，适合于快速游近目标、抢渡河川等。自由泳也是竞技游泳的基本项目，是衡量一个国家游泳运动水平高低的标志。

三、仰泳

仰泳也叫背泳，是一种人体仰卧在水中的游泳姿势。因为脸面在水面上，呼吸很方便，但是游泳者看不到在往哪里游，容易认错方向。仰泳是唯一运动员在水中开始的姿势，其他的游泳都是以跳入水中开始进行。

仰泳的动作要领是：人体仰卧在水中，两臂同时或轮流划水，两腿同时蹬夹或上下交替打水。

仰泳包括反蛙泳和爬式仰泳，爬式仰泳技术结构合理，速度较快。

仰泳时身体比较平稳，水的支撑面积较大，动作省力，呼吸方便，同时又可以长时间游，既深受中老年人和体质较弱者喜爱又适用于水上搬运、救护等。

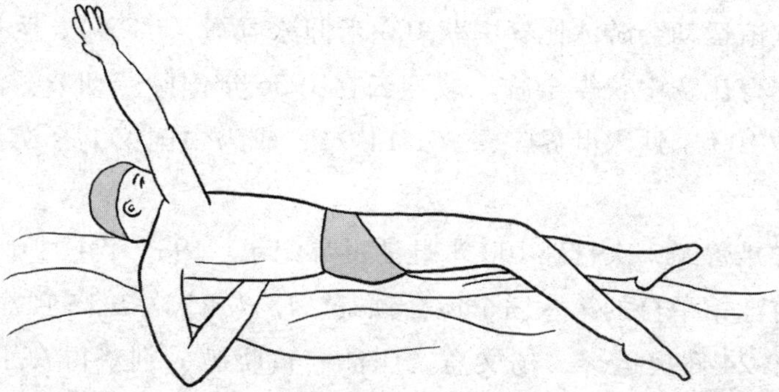

四、蛙泳

蛙泳是模仿青蛙游泳动作的一种游泳姿势，也是一种最古老的泳姿。因身体俯卧水面，划水与蹬腿动作极像青蛙在水中游进，所以叫做蛙泳。游泳时，可以方便观察前方是否有障碍物，避免撞上障碍物。

18 世纪中期，在欧洲，蛙泳被称为“青蛙泳”。由于蛙泳的速度比较慢，在 20 世纪初期的自由泳比赛中（不规定姿势的自由游泳），蛙泳不如其他游泳姿势快，使得蛙泳技术受到排挤。随后国际泳联规定了泳姿，蛙泳技术才得以发展。

蛙泳身体姿势比较平稳，水的支撑面积大，动作省力，呼吸方便，适用于长时间、远距离的游泳。蛙泳，容易观测目标，动作隐蔽，声音小，对渔猎、水上搬运、武装泅渡、救护等都具有很大的实用价值。

五、蝶泳

20 世纪 20 年代初，有的运动员为了提高蛙泳速度，在划水结束后把臂提出水面，两臂在空中向前摆进，好像蝴蝶展翅的样子，因而取名蝶泳。海豚泳是模仿海豚的游泳动作。20 世纪 30 年代，美国运动员采用海豚泳技术创造了良好成绩。1957 年，匈牙利运动员图姆佩克以

13.4 的成绩创造了第 1 个蝶泳（海豚泳）世界纪录。海豚泳技术比较先进，现已被世界蝶泳运动员广泛采用。

中国运动员吴传玉 1953 年在罗马尼亚布加勒斯特举行的第 1 届国际青年友谊运动会游泳比赛中获 100 米仰泳冠军（1′8″4），为中国首次在国际体育比赛中获得金牌。戚烈云在 1956 年国际劳动节游泳表演比赛中打破 100 米蛙泳世界纪录（1′14″9），成为中国第 1 个游泳世界纪录创造者。

穆祥雄曾经 3 次打破 100 米蛙泳世界纪录。1987 年 4 月 6 日至 9 日在上海游泳馆举行的第六届全运会预赛，13 人 25 次破 15 项全国纪录。1988 年第 24 届奥运会，杨文意、庄泳、黄晓敏分别获得女子 50 米自由泳、100 米自由泳、100 米蛙泳银牌，钱江获女子 100 米蝶泳铜牌。

六、跳水

是一项从高处用各种姿势跃入水中，或者从跳水器械上起跳，在空中完成基本姿势并且用特定动作入水的水上运动。它包括实用跳水、表演跳水和竞技跳水。

根据历史资料记载，中国的跳水器械和跳水技巧在宋代已达到很高的水平。19 世纪末，国际游泳比赛开始加进了跳水项目。以后，竞技跳水逐渐发展成为跳水运动的主要内容。

从事跳水运动，能使人的体态矫健，有助于全身肌肉协调发展和神经系统、心血管系统功能增强，有助于培养空中辨别方向和善于控制自己身体的能力，对生产和国防建设都有一定的价值。

七、竞技跳水

是以竞技为直接目的，按规则规定进行的跳水运动。竞技跳水是在实用跳水的基础上发展起来的。

1904年第3届奥运会起，跳水列为正式比赛项目。1912年第5届奥运会女子首次参加跳水比赛。从1920年第7届奥运会起到现在，历届跳水比赛都设有男、女跳板跳水和男、女跳台跳水4个项目。1979年国际业余游泳联合会还创办了两年一届的世界杯跳水比赛。1983年第3届“世界杯”跳水比赛，中国获女子团体冠军和男女团体总分第1名。优秀运动员陈肖霞、李艺花、史美琴、李孔政、李宏平等分获亚洲运动会和世界杯跳水比赛的跳板、跳台跳水冠军，周继红在第23届奥运会中，获女子跳台跳水比赛金牌。

1986年8月在第6届世界游泳锦标赛上，高敏以582.90分的跳水史上最高分，夺得女子跳板跳水冠军。1988年第24届奥运会，高敏、许艳梅分获女子跳板跳水和跳台跳水两枚金牌，李青、谭良德、熊倪分获女子跳板跳水、男子跳板跳水、男子跳台跳水银牌，李德亮获男子跳板跳水铜牌。

科技项目基本知识

一、跳伞

利用降落伞从高空跳下的一项体育运动。跳伞可以从正在飞行的各种飞行器上跳下，也可以从固定在高处的器械、陡峭的山顶或高地上跳下。

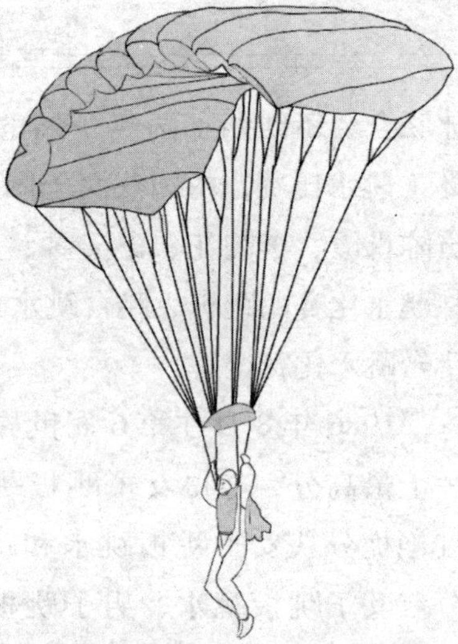

1777 年和 1779 年法国人试制了一顶降落伞，伞衣直径为 2.5 米，有 22 根吊绳，在伞下部系一个吊篮，里面装一只绵羊，把降落伞从 35 米高的塔上投下，绵羊安全落地。1911 年俄国的克杰尼柯夫发明了世界上第 1 个能折叠的、固定在人身上的背囊式降落伞。国际航空联合会把跳伞列为竞赛和创纪录项目。1951 年在南斯拉夫举办了第 1 届世界跳伞锦标赛。1975 年开始举办世界造型跳伞锦标赛。

1933 年，中国第 1 个降落伞研究制造所在杭州建立。1942 年 4 月在重庆建立了第 1 座跳伞塔。1950 年中国出现了第 1 批女跳伞员。1958—1965 年间，中国男女跳伞运动员多次打破世界纪录。1979 年 8 月，在法国举行的世界造型跳伞锦标赛中，中国队获得 8 人造型和 4 人造型两项第 4 名。

1980 年 8 月，在保加利亚举行的第 15 届世界跳伞锦标赛中，中国队获女子集体定点跳伞亚军，女子团体总分第 4 名，男子团体总分第 6 名。1984 年 10 月，在第 3 届世界杯跳伞造型比赛中，中国男队获 4 伞循环踩伞造型世界冠军。女子跳伞运动健将于梅，在第 17 届世界跳伞锦标赛中，夺得个人定点跳伞世界冠军。

跳伞运动能培养人们勇敢、机智、沉着、果断的品质，被称为“勇敢者的运动”。

二、航模

航空模型是一种有尺寸和重量限制的雏形航空器。航空模型运动是以放飞、操纵自制的航空模型进行竞赛和创纪录飞行的一项航空运动。这项运动有助于培养人们对航空事业的兴趣，普及航空知识和技术，培养航空人才，发展智力，增进健康。

1903 年，世界第 1 架有人驾驶的飞机出现后，人们逐渐创造了以特种航空器为主要内容的竞赛运动，其中包括航空模型运动。1926 年起，国际航联每年举办国际航空模型比赛。

中国的航空模型运动有悠久的历史。1920 年留美学生桂铭新研制的航空模型在美国的比赛中获第 1 名。1949 年以后，航空模型运动得到迅速发展。1956 年起每年举办全国比赛。1959—1970 年，中国先后有 41 人 38 次打破世界纪录，到 1980 年底还保持6 项世界纪录。航空模型运动健将赵济和在 1984 年以 251.660 千米/小时的成绩打破 F2A－27 线操纵模型飞机圆周速度世界纪录。申西林在比赛中以 326.382 千米/小时的成绩打破 F2A－29 的世界纪录。朱幼南在世界线操纵航空模型锦标赛中获 T2－B 级航空模型冠军。

三、海模

通过运动训练和比赛的形式，组织人们参加设计、制造和操纵各种航海模型，统称航海模型运动。这项运动既能丰富业余文化生活，有益于身心健康，又可获得航海知识，培养勇于实践、善于创造的品质。

在欧洲，17 世纪就开始了帆船模型的设计与制作，并逐渐出现帆船模型比赛。19 世纪 70 年代又出现了动力船模型比赛。1920 年在英国创建了国际帆船模型比赛协会，1936 年改为国际帆船模型比赛联合会。1949 年美国创建国际动力船模型协会。1959 年正式成立世界航海模型联合会。各项航海模型比赛更加活跃。1960 年—1977 年共举行 10 届欧洲锦标赛。1978 年在意大利举行第 1 届世界帆船模型锦标赛。1979 年在联邦德国又举行了第 1 届世界动力船模型锦标赛。

早在 2000 多年前，中国就有船舶模型制造工艺的研究，但作为一项体育运动则是从 1954 年才开始开展的。1958 年在北京举行了第 1 届全国航海模型比赛，1980 年 3 月，世界航海模型联合会接纳中国为会员国。同年 10 月在广州举行的全国航海模型比赛，苏蔚彬在 A2 级竞赛中以 12.85、葛萌在 A3 级竞赛中以 10.97 的优异成绩，分别打破世界纪录。航海模型运动健将浦海清在 1984 年以 12.8 的成绩超过 F1 - V6.5 级世界纪录。王勇在奥地利举行的第 2 届帆船模型世界锦标赛中获 F5 - X 级冠军。商火焱在匈牙利举行的第 4 届世界耐久航海模型锦标赛中，获 SR - V3.5 级冠军。

1987 年 6 月在民主德国举行的第 5 届世界航海模型（动力艇）锦标赛成年组 8 个级别的激烈角逐中，中国航模健儿夺得 7 枚金牌、4 枚银牌、2 枚铜牌，7 人 9 次打破 6 个级别的世界纪录，取得最佳成绩。国际航联主席道茨卡尔说：“这在世界海模史上还是第一次，中国队创造了奇迹！”

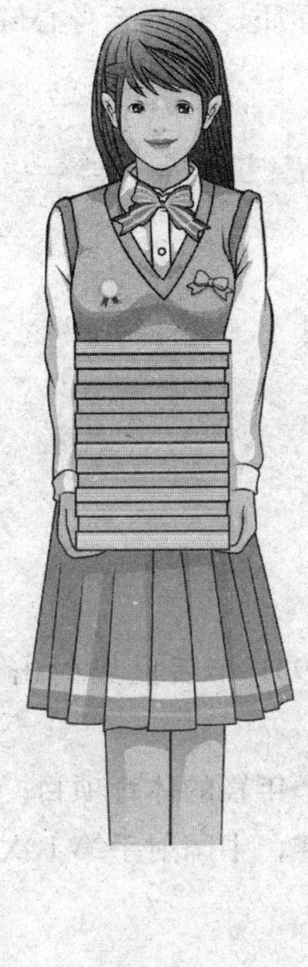

其他类运动项目

一、射击

使用枪支对各种预先设置的目标进行射击，以命中精确度计算成绩的一项体育运动。射击竞赛项目繁多，包括使用各种规格的步枪、手枪和猎枪相对固定的、移动的、隐现的以及飞行的各种目标进行精确射击和快速射击。这项运动不仅能学习射击技术，而且可锻炼身体，培养细致、沉着、坚毅等品质，有益于身心健康。

近代射击运动是从军用射击和狩猎射击演变而来。瑞士在15世纪举办过火绳枪射击比赛。射击作为世界性体育竞赛项目，始于第1届奥运会。1897年起每年举行1届世界射击比赛。1907年各国射击协会国际联合会成立（1921年改名为国际射击联盟）。1931年后世界射击锦标赛改为每两年1次，1954年又改为每4年1次。

射击运动在中国是一个年轻的体育项目。1955年在北京举行了有8个国家参加的国际射击比赛，中国射手第1次参加国际比赛，共获4项团体第 2 名，6 项团体第 3 名。女射手李素萍获女子小口径自选步枪立射冠军。1978 年第 8 届亚运会上，中国射手获 8 项团体冠军和个人冠军。同年在第 4 届亚洲射击锦标赛、第 1 届亚洲飞蝶射击锦标赛、第 2 届亚洲女子和少年射击锦标赛中，中国射手共获 22 项团体和个人冠军，打破 12 项亚洲纪录。

中国女子射击运动健将巫兰英、邵伟萍、冯梅梅连续在世界飞蝶射击锦标赛（1981 年）、第 43 届世界射击锦标赛（1962 年）、世界移动靶射击锦标赛中 3 次获得团体世界冠军，打破多项世界纪录。射击运动健将许海峰在 1984 年第 23 届奥运会上，夺得男子选手枪慢射冠军，成为本届奥运会第 1 块金牌获得者，打破了中国人在奥运史上金牌“零”的纪录。

二、射箭

借助弓的弹力将箭射出去，在一定的距离内比赛准确性的体育项目。弓箭在旧石器时代末期已经出现。复合弓创始于亚洲，中国的汉朝弓就是这种复合弓。英国最早用的是木弓，瑞士、荷兰、法国使用的是身短而重的弩弓。

现代射箭运动最早出现于英国，1844 年英国举行了第 1 届射箭锦标赛。1861 年英国成立全国射箭协会。1931 年，国际射箭联合会正式成立，在波兰举行了第 1 届世界射箭锦标赛，1940 年以前每年举行 1 次，1959 年起改为每两年 1 次。

中国现代射箭运动，是从 20 世纪开始的。旧中国曾在 1933 年、1935 年和 1948 年举行的全运会上，列有射箭表演项目。新中国于

1956年开始，举行了全国射箭比赛。1964年成立了中国射箭协会。1963年11月，在第1届新兴力量运动会上，中国射手李淑兰打破1项世界纪录，获女子双轮全能冠军，中国女子射箭队获团体第1名。1979年孟凡爱在日本打破女子单轮70米世界纪录。

1981年中国女队在第31届世界射箭锦标赛中获团体第3名，孟凡爱和傅红获得第1名。中国女子射箭运动项目跨进了世界先进行列。

三、击剑

两人手持特制钢剑在规定的场地、时间和剑数内，以刺劈动作进行格斗的一项体育运动。

现代击剑器材的形式是由古代冷兵器演变而来的。中世纪时，法国、西班牙和意大利的武士们都很重视击剑，把击剑作为一种高尚的爱好，还用击剑进行决斗。1776年法国人拉傅西叶尔发明了护面，使击剑进入新的时代，击剑术得到进一步发展。从此，击剑便成为一项极有意义的体育活动。

1896年第1届奥运会把击剑列为正式比赛项目。当时只有男子花剑和佩剑个人赛。第2届奥运会增加了男子重剑个人赛。第8届奥运会又增加了女子花剑个人赛。1913年11月19日在巴黎成立国际击剑联合会。1936年起，每年举行1次世界击剑锦标赛。1949年又决定每年复活节前后，举行1次世界青年击剑锦标赛。

中国击剑运动健将栾菊杰在1978年西班牙举行的第29届世界青年击剑锦标赛中，夺得女子花剑亚军，成为击剑史上第1个进入决赛的亚洲运动员。1984 年第 23 届奥运会，栾菊杰夺得女子花剑金牌，又成为奥运会史上第 1 个获得击剑比赛冠军的亚洲人，被誉为“东方第一剑”。

四、摔跤

是两个人徒手较量，力求把对方摔倒的一项竞技运动。最简单的摔跤技术产生于原始社会，人们为了生存，在狩猎或在部落冲突中，利用徒手搏斗，逐渐形成摔跤动作，演变成一项人们喜爱的体育运动。

古埃及和古印度盛行过摔跤活动。摔跤在古希腊已相当普及，是奴隶主训练青少年的军事体育项目之一，也是古代奥运会最受欢迎的竞技项目。当时很多著名的哲学家、诗人、活动家以及军队统帅都是杰出的摔跤手。如大哲学家柏拉图就是一名摔跤能手。第 1 次职业摔跤比赛于公元前 284 年在罗马举行。

现代摔跤运动分以下 6 类：

（1）不许抓握下肢，不许用腿使绊的站立摔跤（摔倒终止）。

（2）可用腿使绊，但不许抓握下肢的站立摔跤。

（3）可抓握下肢，也可用腿使绊的站立摔跤。

（4）不许抓握下肢，不许用腿使绊的站立和跪撑摔跤（倒下后继续翻滚角斗）。

（5）可抓握下肢，也可用腿使绊的站立摔跤和跪撑摔跤。

（6）可抓握下肢，可用腿使绊，可逼迫关节，可勒绞颈部使对方窒息的站立和跪撑摔跤。

中国古代摔跤称“角柢”，又叫“角力”，后来又称“相扑”或“争跤”。1958 年 10 月在北京举行了“全国体育学院自由式、古典式摔跤比赛”。1959 年 4 月在上海第 1 次举行了全国自由式、古典式摔跤锦标赛。

五、柔道

是两个人徒手较量的一项竞技运动。柔道刚柔相济，以柔克刚，能最有效地发挥身心能力，有利于身体的敏捷性、灵活性、力量性的发展，可以锻炼意志品质。

中国明代就有柔术的记载。1638 年浙江人陈久贸去日本帮助创建柔术。1882 年日本创立了现代柔道，兴建了训练柔道运动员的讲道馆。1893 年讲道馆开始训练女子柔道运动员。柔道是日本大、中、小学体育教材的内容之一，全国学校、企业、军队、警察、政府机关都推广柔道。

1951 年欧洲也成立了柔道联盟，1952 年初改名为“国际柔道联合会”，本部设在东京。1956 年在东京举行了第 1 届世界柔道锦标赛。1965 年第 4 届世界柔道锦标赛开始分 4 个级别进行比赛，并规定每两年举行 1 次世界柔道锦标赛。第 18 届奥运会把柔道列为正式比赛项目。

新中国成立后，进行过柔道表演赛。1979 年在北京举办了两期柔道教练员训练班，邀请日本柔道界人士授课。1980 年中日两国柔道队员相互访问比赛。同年9月在秦皇岛市举行了首届全国柔道锦标赛。1986年，在荷兰举行的第4届世界女子柔道锦标赛上，中国内蒙古草原农家姑娘高凤莲战胜世界名将玛尔约莱因·范·厄南，夺得72公斤以上级桂冠，成为中国第1个女子柔道世界冠军。

六、拳击

拳击是两人戴上拳套在规则限制下，用拳相互攻击和自卫的一项竞技运动。拳击有悠久的历史。古希腊人在战场上搏斗，非常重视这项运动。

公元前688年，第23届古代奥运会上拳击就列为正式比赛项目。第41届古代奥运会又增加了青年拳击赛。早期的拳击赛不戴手套，除用拳击外，还可兼用摔跤。英国著名拳击家布劳顿于1743年制定出最早的拳击规则。1747年他又设计了拳击手套，对近代拳击运动的开展做出了贡献。1904年拳击被列为第3届奥运会正式比赛项目。1924年成立了国际业余拳击联合会。

拳击从20世纪初传到中国，开始在东南沿海一带大城市流行。1936年中国曾派代表参加第8届奥运会拳击比赛。1953年全国民族形式体育表演竞赛大会，进行了6个级别的拳击比赛。1958年在北京举行21个城市拳击锦标赛（10个级别）之后，拳击比赛中断多年，最近开始恢复。

七、举重

使用杠铃、哑铃、壶铃等器材进行锻炼和比赛的体育运动项目，也是训练力量的重要手段。古希腊人用举石头来锻炼和测验人的体力。罗马人在棍的两端扎上石块来锻炼体力，训练士兵。中国汉代已有举重活动的记载。近代举重开始于18世纪末，最初盛行于欧洲。1891年在伦敦举行了第1次世界举重锦标赛。1896年举重被列为第1届奥运会比赛项目。1980年第22届奥运会改为10个级别。

举重作为正式体育运动项目，在中国开展较晚。1936年旧中国的全运会只作为表演项目。1948年才把举重列为全运会正式比赛项目。新中国成立后，举重运动得到迅速发展。1956—1966年间，优秀运动员陈镜开、黄强辉、赵庆奎、肖明祥等先后31次打破5个级别的12项世界纪录。陈镜开一人9次打破两个级别的挺举世界纪录。当时中国已进入世界团体前3名的水平。

20世纪70年代以来，陈伟强、吴数德等5人多次打破青年和成年52公斤和56公斤级世界纪录。陈伟强8次打破青年和成年世界挺举纪录。吴数德5次刷新抓举世界纪录。陈伟强在第23届奥运会上，夺得60公斤级总成绩冠军。广东20岁的选手何灼强在第6届全运会举重比赛中，在短短1小时16分钟内，两次创造了52公斤级抓举（117.5公斤）和总成绩265公斤的世界纪录，结束了中国大力士从未创造过总成绩世界纪录的历史。成为在一场比赛中突破两项举重世界纪录的第1人，也是一个人包揽一个级别全部3项世界纪录的举坛英雄。

1987年10月30日至11月1日在美国举行的第1届世界女子举重锦标赛上，中国女子举重运动员夺得全部27枚金牌中的22枚。女子举重运动在中国只开展了两三年的时间，但进步很快。目前，有29人88

次超过 7 个级别的 16 项世界最好成绩。

八、武术

又称国术或武艺，中国传统体育项目，把踢、打、摔、跌、击、劈、刺等动作按照一定规律组成徒手的和器械的各种攻防格斗功夫、套路和单势练习。武术的起源可以追溯到原始社会。人类开始用棍棒等原始工具作武器同野兽斗争，一是自卫，二是猎取生活资料。后来人们进而制造了更具有杀伤力的武器。人类通过战斗，逐渐积累了具有攻防格斗意义的技能。

明代是武艺大发展的时期，出现了不同风格的技术流派，拳术、器械都得到发展，理论上总结了练武经验，记载了拳术、器械的流派、沿革、动作名称、特征、运动方法和技术理论等，有的还附有歌诀和动作图解，为研究武术提供了重要依据。

坚持武术锻炼能有效地增强体质，对肌肉韧带有很好的锻炼作用，使身体各个器官系统得到全面发展。有些武术练习，如太极拳等要求呼吸均匀深沉，可使周身血脉流通，适合于慢性病患者的医疗。对抗性强的练习，运动激烈，还能培养勇敢、机智、敏捷等优良品质。

单元练习

一、填空题

1. 中国（　　）代就有柔术的记载。

2. 竞技跳水是在（　　）跳水的基础上发展起来的。

3. 中国的跳水器械和跳水技巧在（　　）代已达到很高的水平。

二、问答题

1. 什么是跳水运动？

2. 水上运动有哪些？

3. 羽毛球运动有哪些好处？

第二单元
体育锻炼主要项目

体操类基本常识

体操是徒手或借助于器械进行各种身体操练的一类体育项目。竞技体操在世界大赛中，按团体赛、个人全能决赛和个人单项决赛三种进行，其中又包括规定动作比赛和自选动作比赛。

一、自由体操

男女竞技体操项目之一，是把徒手体操和技巧的几个不同动作编成一组，在规定的场地、时间内完成的一种体操比赛。

男子自由体操于1911年列入国际体操比赛项目。女子自由体操一直到1950年第12届世界体操锦标赛才被列为国际比赛项目。

二、鞍马

男子竞技体操项目之一。罗马帝国末期战争频繁，出于军事训练的需要，有人用木马代替真马训练骑手。19世纪初，瑞典体操学派创始人P. H. 林使用木马练习骑术。德国体操家F. L. 杨把木马砍头去尾，作为体操器械，称为“摆荡马”，用于练习单腿跨越动作。1896年，鞍马列为近代体操比赛项目。鞍马动作应在两臂伸直，不断交换支撑和不停顿的状态下完成，因而对发展人的支撑力和锻炼增强身体平衡的控制能力有很大作用。

三、吊环

男子竞技体操项目之一。吊环运动起源于法国，后传到意大利和德国。早期的吊环动作只有悬垂、支撑和摆荡。19世纪末，静止吊环

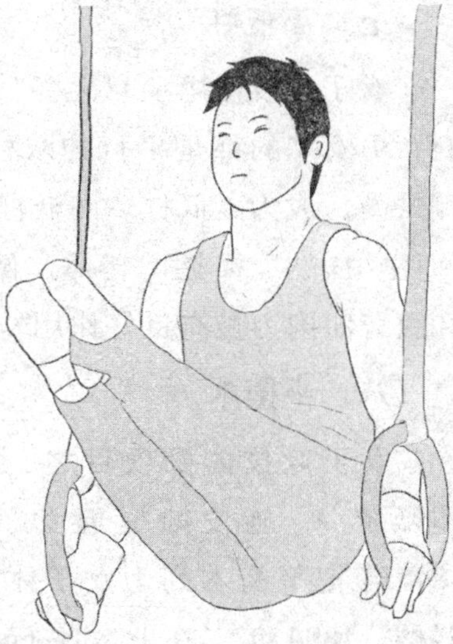

成为男子专用器械。1896 年，成为国际比赛项目。吊环运动的基本动作有摆动、屈伸、转肩、回环和静止用力等。由于支点是活动的，所有动作要靠两臂的分开和夹拢来完成，对发展肩带肌，特别对增强内收肌力量有显著作用。

四、跳马

男女竞技体操项目之一。跳马技术是由木马演变而来。1836 年，德国体操家 A. 施皮斯举办的学校体操节，首次把男子跳马列为表演项目。1896 年，男子跳马成为国际比赛项目。男子跳马是纵跳马，女子跳马是横跳马，男女跳马的长、宽规格相同。跳马运动能增强肌腱、韧带和关节力量，对发展下肢和肩带肌肉的爆发力有特殊作用。

五、双杠

男子竞技体操项目之一。19 世纪初，双杠成为欧洲比较流行的一种健身器械。第 1 届奥运会，双杠就成为体操竞赛项目。双杠动作包括由各种支撑、承垂完成的回环、屈伸、倒立、转体、腾越与空翻以及各种用力动作和静止动作。整套动作要求摆动与腾空为主，杠上动作和杠下动作穿插。对发展上肢和腹背肌肉力量有很大作用。

六、单杠

男子竞技体操项目之一。18 世纪末，单杠出现在西欧的杂技舞台上。1896 年列为奥运会比赛项目。单杠是竞技体操最惊险的运动项目。基本动作有摆动、屈伸、回环、转体、腾越、空翻等，可以培养勇敢顽强的意志，对提高人在不同空间判断方位的能力，提高身体的柔韧性和协调性，具有积极作用。

七、高低杠

女子竞技体操项目之一。19 世纪末，女子体操在欧洲很盛行。当时，男女练的都是平行的双杠。以后为了适应女子特点，把双杠的一侧升高，成为高低杠。高低杠动作包括在悬垂或支撑中进行各种屈伸、回环、摆越、换握、转体、倒立、腾越、空翻等，对发展上肢、肩带和腹背肌肉力量有良好作用。

八、平衡木

女子竞技体操项目之一。德国体操家 A. 施皮斯提倡女子体育，1845 年把平衡木列为女子体操训练器械。1894 年，在北欧举行的体操节中，第一次将平衡木列为比赛项目。平衡木的支撑面小，要求运动员具有高度的平衡能力。

这项运动有助于培养勇敢果断的意志品质，改善人体平衡器官的机能，提高动作的稳定性。韵律体操也称艺术体操，是徒手或持轻器械，在音乐伴奏下进行的有节奏的、连续不断的身体练习，也是一种艺术性很强的女子竞技体操项目。

棋牌类基本知识

一、围棋

传说起源于公元前2000多年的古代中国，是世界上最古老的棋类游戏之一，也是中国古代文化的瑰宝。大约在隋唐时期传入日本，19世纪传入欧洲。

从1979年开始，出现了每年举行一次世界业余围棋锦标赛。目前，欧美有30多个国家开展围棋活动。围棋正在逐渐走向“国际化”。目前，国际性围棋比赛主要有世界业余锦标赛、“富士通杯”与“应氏杯”赛。

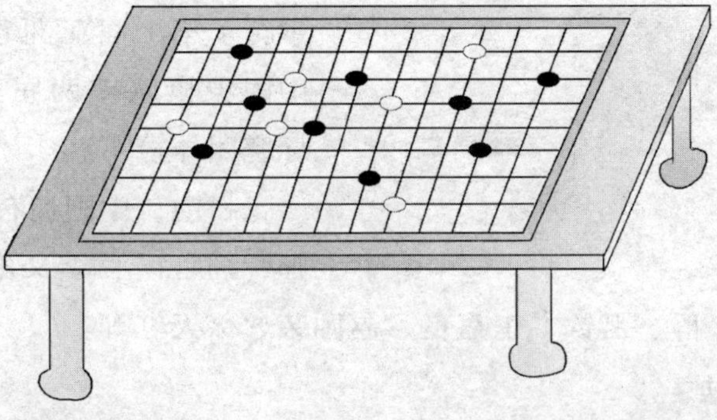

二、国际象棋

在中国是新项目，1956年起被列为国家体育项目。1957年首次举行全国比赛。1977年中国棋手第1次参加亚洲国际象棋团体赛，获第2名。1980年2月，中国选手刘文哲和梁金荣在第4届国际象棋等级赛中，并列第3名，同获国际大师称号。

中国女队在第24届奥林匹克赛中，战平世界冠军苏联队，与联邦德国并列第5名。1981年国际棋联授予中国棋手戚惊萱、李祖年为国际大师，刘适兰、安艳风为女子国际大师。

国际象棋对抗性强，变化多，趣味浓，既有科学性，又有艺术性和竞技性。能开发智力，锻炼逻辑思维和辩证分析能力，培养顽强沉着、机智勇敢的意志品质。列宁把国际象棋比喻为“智慧的体操”。

三、中国象棋

起源于中国的一种棋戏。两人轮流走子，以“将死”或“困毙”对方将（帅）为胜。象棋有悠久的历史，2000多年前中国已有“象棋”这个名称。棋盘里的河界，叫“楚河汉界”。这可能是受到楚汉相争，韩信作象棋的传说的影响，是后人加的名称。

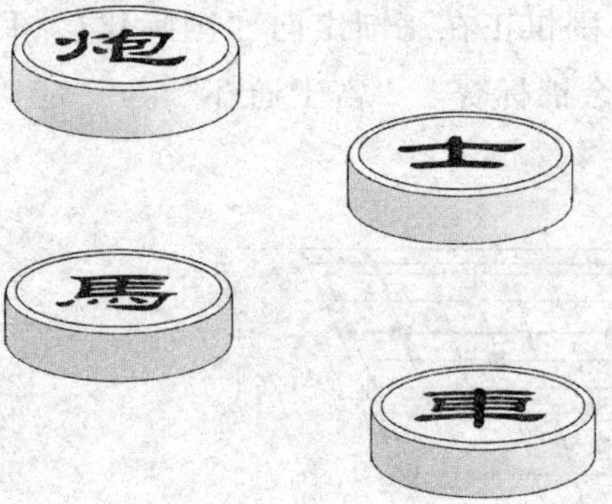

1956年起，象棋被列为国家体育项目，每年举行全国性比赛。中国象棋在东南亚地区广泛流传，1980年在中国澳门举行了第1届亚洲象棋锦标赛。中国象棋队获两届亚洲象棋锦标赛团体冠军。

目前，中国拥有9名特级大师：杨官磷、李义庭、胡荣华、柳大华、李来群、吕钦、王嘉良、赵国荣、徐天红等。

四、桥牌

16世纪时，英国流行一种称为“凯旋”的扑克游戏，这是桥牌的前身。比较早的竞叫桥牌和目前流行的定约桥牌，都是从早期的“凯旋”和“惠斯特”牌游戏演变而来。19世纪80年代起流行“惠斯特”桥牌。1904年竞叫桥牌问世，每一牌手都能竞相叫牌，以确定花色主牌，1925—1926 年，美国人 H. S. 范德比尔特在竞叫桥牌的基础上，创造了定约桥牌，增加了局况和满贯的奖分。

1950 年在百慕大举行第 1 次世界桥牌锦标赛，冠军的奖品是百慕大杯，所以叫世界桥牌 69 标赛为百慕大杯赛。1960 年以后，国际桥牌联合会开始举办奥林匹克赛。

1974 年在意大利威尼斯举行第 1 次世界女子桥牌团体赛，冠军奖品是威尼斯杯。自 1978 年起，中国桥牌队与国外的桥牌队渐有交往。

1980 年 6 月，上海和北京的桥牌队参加了香港国际桥牌邀请赛，1981 年 3 月上海举办了国际桥牌邀请赛，有世界 14 个国家和地区的 20 个队参加。

放风筝基本常识

1．不要在公路或铁路两侧放风筝。公路上来往车辆多，情况复杂，铁路上也常有火车通过。许多青少年为了把风筝放起来，只顾向前奔跑，还有的青少年喜欢拉着风筝线倒退着走，这时如果有火车或汽车通过，就容易出交通事故。

2．不要到农村场院内放风筝。农忙时，场院内有许多临时安装的电灯、电闸等。如果不注意，风筝搭上电线，造成短路，不但有触电的危险，还有可能引起火灾。

3．不能在设置高压线的地方放风筝。这些地段高压线密集，若风筝搭在高压线上，容易造成人员伤亡和电器设备的损坏。

冰上运动基本知识

冰上运动是在天然或人工冰雪场地借助各种装具进行身体锻炼的一项体育运动，是冬季体育运动的一种。冰上运动包括：速度滑冰、花样滑冰、冰球运动。

一、速度滑冰

一项比赛滑行速度的冰上运动，分为标准场地速度滑冰和短跑道速度滑冰两种。滑冰运动具有悠久的历史，10 世纪开始，就出现用骨制的冰刀滑冰。中国宋代也有“冰嬉”这类滑冰运动。国际性速滑比赛，始于 19 世纪末。

1889 年，在荷兰阿姆斯特丹举行了第 1 届国际速滑比赛。1892 年正式成立国际滑冰联盟。1893 年举办了第 1 届世界男子速滑锦标赛，1936 年举办第 1 届世界女子速滑锦标赛。1924 年第 1 次举行冬季奥运会，设男子速滑比赛项目，1960 年增加了女子速滑比赛项目。

19 世纪末，滑冰运动传入中国。1935 年在北平举行过一次滑冰比赛。1943 年在延安举行的冰上运动会设有男、女 100 米速滑及各项表演。在 1963 年世界锦标赛中，中国运动员王金玉和罗致焕均打破了世界男子全能纪录，罗致焕在1500米比赛中获得金牌。1975年，赵伟昌在挪威举行的世界锦标赛中，获500米比赛第2名。

二、花样滑冰

在音乐伴奏下，在冰面上滑出各种图案，表演各种技巧和舞蹈动作的冰上运动项目。花样滑冰分单人、双人花样滑冰和冰上舞蹈两种。

1860年，在俄国彼得堡已有人能把俄国民间舞蹈融入滑冰之中，从而丰富了滑冰的内容和形式。1896年在彼得堡举行了第1次世界男子单人花样滑冰锦标赛，1906年在瑞士达沃斯举行了第1次世界女子单人花样滑冰锦标赛，1908年又在彼得堡举行了第1次世界双人花样滑冰锦标赛，1952年巴黎举行了第1次世界冰上舞蹈锦标赛。

1930年前后，西方花样滑冰传到中国。1953年2月在哈尔滨举行了第1次全国冰上运动大会，花样滑冰列为比赛项目。1980年2月，中国运动员参加第13届冬季奥运会花样滑冰比赛。同年3月参加了第70届世界花样滑冰锦标赛。

滑雪运动基本知识

滑雪运动是借助于滑雪工具在雪地上滑行的运动项目。现代滑雪运动种类很多，有越野滑雪、高山滑雪（阿尔卑斯滑雪）、跳台滑雪、花样滑雪、现代冬季两项、北欧两项滑雪、冬季高山两项、三项全能、有舵雪橇、无舵雪橇以及各种不同项目相结合的多项滑雪等。

据考证，早在5000年前，北欧、西伯利亚等地已有人滑雪。1877年在挪威的克里斯蒂安尼亚（今奥斯陆）成立了世界上最早的滑雪俱乐部。1880年挪威创立了滑雪学校。1924年1月，在法国夏蒙尼举行了第1届冬季奥运会，进行了北欧项目的比赛，成立了国际滑雪联合会。

1936年第4届冬季奥运会增加了高山滑雪比赛项目。世界性滑雪比赛，除冬季奥运会外，还有世界滑雪锦标赛、世界杯滑雪比赛等。首届世界滑雪锦标赛于1925年在捷克的杨矿泉村举行，大体上每年举行一次。1966年在智利的波尔蒂略举行了首届世界杯滑雪比赛，以高山项目为主。

我国于1957年在吉林通化市举行了第1届全国滑雪比赛大会。1961年和1963年中国人民解放军滑雪队先后出国参加滑雪比赛。1980年中国滑雪队参加了第13届冬季奥运会。

一、越野滑雪

借助滑雪用具，运用登山、滑降、转弯、滑行等基本技术，滑行于山丘雪原的运动项目，是世界上最古老的运动项目之一。它起源于北欧，后来传入西欧和阿尔卑斯山一带，故又名北欧滑雪。

二、高山滑雪

起源于欧洲靠近阿尔卑斯山脉的一些国家，如奥地利、瑞士、意大利、法国等，所以又称为阿尔卑斯滑雪。高山滑雪包括滑降、大回转、回转3个项目。滑降从覆雪的高山上以极快的速度（约100千米/时），在规定路线内由上向下，通过门形障碍的一项竞赛项目。

回转以每秒8米的速度，在旗门所规定的路线内不断向下转弯滑行，穿越门形障碍，叫做回转，也称回转滑雪。

大回转介于回转和滑行之间的高山滑雪项目。它有着近于滑降的速度和近于回转的转弯技术动作。

直排轮滑运动基本常识

轮滑运动有益于人的平衡能力、协调性和灵活性，对于调节心理，舒缓神经，改善身心都有很好的作用。但是轮滑运动有一定的风险和不安全因素，所以应该充分注意以下几点。

为了使玩直排轮滑更具乐趣，作好安全准备是必要的，唯有完全解除对安全的顾虑，才能真正“放心”地玩直排轮滑并充分发挥自身潜力，得到更多的进步或最佳的演出状态。以下是一些轮滑前应注意的事项：

1. 做好热身活动。

和参加任何运动一样，每次练习前都应先做充分的准备活动，俗称“热身”，玩轮滑也是一样。就是通过循序渐进地运动让身体热起来，体温升高会让你的肌肉韧带伸展充分、柔韧有力，身体灵巧自如，从而能使受伤的几率大大减少；更重要的是准备活动还可以帮助运动者克服内脏器官的惰性，使心率、血压适度升高以适应运动的需要。这时，在随后的运动中你会感到呼吸顺畅，周身温暖，步伐轻松。在此要特别提示大家：准备活动除了轻、慢地滑行外，拉韧带、活动髋、膝、踝关节也是必不可少的，至少要进行 5 ~ 10 分钟才可以真正将韧带、关节活动开。

2. 穿戴上护具。

运动的护身装备也是必需的，全套护具应包含：头盔、护肘、护膝与护掌。因为轮滑难免摔倒，要保护好自己的身体以避免受伤。特别是儿童少年在进行轮滑时，一定要穿齐护具。大家最好购买专业厂家的护具，在防震和坚固性、舒适性上更有保障。

在护具中以护膝最为重要，不论是初学者还是轮滑高手，膝盖是摔倒时着地几率最高的，最容易受冲击的部位；头盔也很重要，有许多人常嫌戴头盔麻烦或头部不灵活，但不带头盔很危险，万一摔倒，头部是最需要保护的部位，保护不当，会给脑部造成很严重的伤害，有的甚至危及生命。在西方许多国家，不带护具进行轮滑是要受到处罚的。

3. 运用常识选择安全的场合。

要选择安全的场地，比如，不要在车道、过往行人很多的地方玩轮滑，还需要选择比较平坦的地面，坑洼不平、有斜坡，有积水、油污发粘的地面都不适合轮滑。并学会运用常识形成正确的判断，以安全为要。

4. 了解自己的程度、知道自己的极限。

依自己的实际情况玩轮滑，量力而行，安全第一；要学习新的技巧或动作时应有人指导，并且特别小心；不可盲目追求高难动作，不可意气用事，过分比拼输赢。

5. 儿童玩轮滑时间不宜过长。

对于正处在生长发育重要阶段的儿童，各器官系统尚未发育完善，不宜玩轮滑时间过长，因为过度劳累会直接影响身体的正常发育。此外，因玩轮滑时腰部、膝关节、脚踝需要用力支撑身体，时间过长，这些部位容易局部负担过重，发生劳损，甚至会影响到骨骼的正常发育，导致下肢骨的弯曲、变形等。对于青少年来说，过度地沉迷于轮滑也会影响休息和工作。

因此，儿童少年每天进行轮滑的时间最好控制在50分钟以内；青少年也不要超过90分钟，而且，建议在轮滑运动后做些必要的整理活动，如轻松的慢跑、伸展肢体和抻拉韧带等。

5. 上课。

找一个有经验的教练来上课，不断地累积专业知识与轮滑技巧，并可由教练处得到玩轮滑的安全常识。国内的极限运动由于开展得较晚，有关这方面的专业教练几乎没有，都是一些轮滑极限高手通过录像、电视等媒体观摩自学的。如果有高手在旁指点，学起来将有事半功倍的效果，而且容易纠正错误。

单元练习

一、填空题

1. 体操是（　　）或借助于器械进行各种身体操练的一类体育项目。

2. 中国象棋起源于中国的一种（　　）。

3. 冰上运动包括：（　　）、（　　）、（　　）。

4. 桥牌的前身是：（　　）。

5. 在中国，国际象棋（　　）被列为国家体育项目。

二、问答题

1. 世界体操大赛区分几种形式？

2. 棋牌类基本知识有哪些？

3. 冰上运动基本知识有哪些？

4. 滑雪运动有哪些基本知识？

第三单元
运动锻炼安全常识

运动锻炼基本常识

青少年正处于长身体的时期，应该重视体育锻炼，要积极参加体育运动，但是并不是所有的锻炼方法都适合青少年，家长和老师要教给学生们正确的锻炼方法，避免那些不适宜的锻炼方式，使他们快乐健康地成长。

一、锻炼时避免片面发展

青少年进行体育锻炼时，切记不要老做一项活动。因为青少年正处于长身体的时候，老做一项活动对少年儿童的全面发展不利。长期锻炼一个项目，可能会出现畸形发展，影响他们的身体健康。为此，就要帮助和引导青少年自觉地参加各种体育锻炼，使他们的身体得到全面发展。

二、严格要求

青少年可塑性大，进行体育锻炼时错误的动作很容易形成。因此，对青少年的体育锻炼要严格要求，不应该放松。如果青少年松松散散，不按规定动作严格要求，很容易形成错误的做法和习惯，长期下去会影响锻炼效果和孩子们的健康。

三、运动量不宜过大

因为青少年正处于长身体的时期，发育不完全，所以不宜进行过于集中的练习。而且锻炼的方法也要多样化，不要老做一项活动，这样会使他们的身体出现畸形。运动的时间也不宜过长，中间要安排适当地休息，保证他们的健康发展。

四、饭后不做剧烈运动

青少年好动，上学时功课比较紧，缺少活动的机会。于是，有的学生利用饭后时间运动。这时候家长们应该注意了，饭后做剧烈的运动会影响他们的健康，致使他们比较容易患一些肠胃病。虽然饭后适当地运动是应该的，但剧烈地运动是不可以的，大运动量应在饭后 1 小时后进行。青少年们要严格要求自己的行为。

五、运动要适合学生特点

由于青少年发育尚未成熟，剧烈运动会使他们很快疲劳，且容易造成心脏负担过重。这会对青少年发育有影响。

目前，有不少学校教学生跳国标舞和健身操，这实际上对青少年的健康不利。因为，青少年的发育是不平衡的，骨骼成长处于逐渐完成阶段，进行体育运动的要求是注意正确姿势，防止外伤及畸形。而成人舞对青少年来说是过量的运动，如果长时间进行，会影响他们的健康。所以，绝不能以成人的标准来要求青少年，应该教给他们一个正确的运动方法。

课间活动安全常识

1．室外空气新鲜，课间活动应当尽量在室外，但不要远离教室，以免耽误下面的课程。

2．活动的强度要适当，不要做剧烈的活动，以保证继续上课时不疲劳，精力集中，精神饱满。

3．活动的方式要简便易行，如做做操等。

4．活动要注意安全，要避免发生扭伤、碰伤等危险。

游戏时安全常识

一、要注意选择安全的场所

要远离公路、铁路、建筑工地，工厂的生产区；不要进入枯井、地窖、防空设施；要避开变压器、高压电线；不要攀爬水塔、电杆、屋顶、高墙；不要靠近深湖（潭、河、坑）、水井、粪坑、沼气池等。

这些地方非常容易发生危险，稍有不慎，就会造成伤亡事故。

二、要选择安全的游戏来做

不要做危险性强的游戏，不要模仿电影、电视中的危险镜头，例如扒乘车辆，攀爬高的建筑物，用刀棍等互相打斗，用砖石等互相投掷，点燃树枝废纸等。这样做的危险性很大，容易造成预料不到的恶果。

三、游戏时要选择合适的时间

游戏的时间不能太久，这样容易过度疲劳，发生事故的可能性就会大大增加。最好不要在夜晚游戏，天黑视线不好，人的反应能力也降低了，容易发生危险。

体育锻炼安全常识

一、选择适宜的时间进行锻炼

较适宜锻炼身体的时间是早上、下午第二节课后或傍晚前。中午及睡前不适宜进行剧烈的体育锻炼。早晨的锻炼时间不宜过长，运动量不宜太大，以免过度疲劳或兴奋，影响一天的学习。早晨运动项目可选择简便易行的户外活动，如跑步、做操等，以活动肢体、锻炼心肺功能。下午第二节课后或傍晚前的体育锻炼被认为是一天中最佳的锻炼时间，此时可安排较大运动量运动，时间最好在1小时左右。

二、注意饮食营养和卫生

早晨锻炼前应喝些热开水、牛奶或糖水及吃少量饼干等食物；下午或傍晚锻炼前也应进食，但不应吃得太饱。午饭或晚饭前后1小时左右不应进行剧烈的体育运动。体育锻炼因耗能量和营养较大，所以平时要加强营养，多吃含维生素C、维生素B_1和蛋白质等食物。

三、注意选择和穿好运动服和鞋子

运动服应该选择质地柔软、通气性能和吸水性良好、有利于身体健康和身体自由活动的服装；运动鞋应选择符合自己的尺寸大小，具有一定弹性及良好的通气性能的鞋子，鞋跟不宜过高，并且符合季节要求和保持清洁卫生。

四、保持良好的生活习惯

良好的生活习惯对于保持体育锻炼时的良好身心状态，提高运动能力和锻炼效果，预防身心疲劳，防止运动外伤等有很好的作用。因此要保证充足的休息和睡眠，文娱活动不过度，脑力劳动不过度，饮食有规律，早睡早起，不熬夜，这样的生活规律，对学生的学习和身体都十分有益。

五、培养体育锻炼的良好心态

学生要怀着轻松愉悦的心情参加体育锻炼，既培养了学生对体育锻炼的兴趣，也使他们在心理上获得了不可多得的快乐感，从而消除紧张、焦虑和犹豫，使精神振奋，身体矫健，充满活力。

六、进行必不可少的准备活动

体育锻炼前的准备活动有利于消除肌肉关节的僵硬，使身心逐渐进入竞技状态，并不断提高运动水平，充分发挥运动能力，预防和减少运动创伤。一般可以采用针对性的活动，如活动操、慢跑、变速跑、跳跃等。

七、体育锻炼前的相应准备

适量饮水，排净大小便，检查和熟悉运动场地或器械，学习和掌握必要的自我保护或相互保护的方法。

八、锻炼前的自我卫生监督

身体疲劳不适或者有疾病时，或者自己感觉睡眠不好、饮食不佳、情绪低落、精神紧张、恐惧、饥饿时，不应该进行剧烈的和高难度的体育锻炼，需要调整运动项目或运动量。

九、做好安全防护，防止运动受伤

锻炼时思想集中，情绪稳定，不紧张、不急躁、不粗心，正确掌握运动技术要领，要做好运动中的自我保护和相互保护，以预防运动受伤和事故。

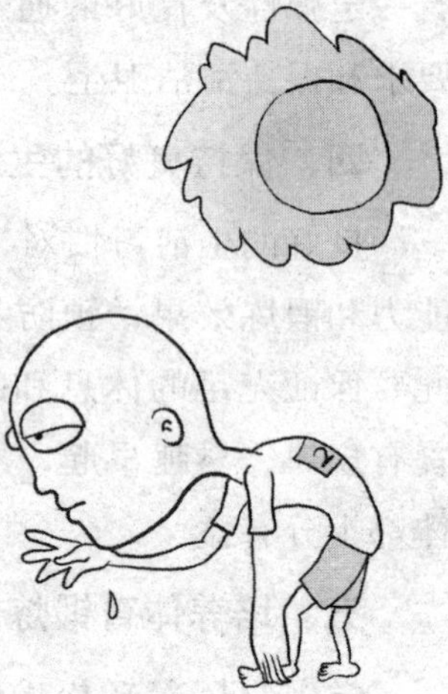

十、锻炼中的自我监督

掌握适宜的运动量，预防运动性疲劳和创伤的发生。

注意在体育锻炼当中的卫生，如在跑步时的正确呼吸和跑步环境的空气清洁卫生等。

十一、做好整理活动

整理活动可以使身体躯干及内脏比较一致地恢复到安静状态，一般可以采用慢跑、行走、做放松体操、深呼吸等。

十二、锻炼要注意清洁卫生

运动后应该洗澡擦身，以清洁皮肤，睡觉前用温水洗脸洗脚，漱口刷牙以清洁口腔，及时清洗汗湿的衣服和鞋袜。

锻炼后不应立即吃饭和大量饮水，锻炼期间要加强饮食营养。

十三、锻炼后的自我卫生监督

如果在锻炼后感到身体疲劳，饮食、睡眠不佳，应减少运动量、变换运动项目或者休息。体育锻炼的自我卫生监督对确保发挥体育锻炼效能，达到最佳的锻炼效果，预防运动过量或者疲劳以及运动性损伤和疾病具有重要的作用。

郊游野营活动安全常识

1．郊外野营时一定要提前收看近期的天气预报，出行时尽量选择在晴朗的天气，并在野营期间随时注意天气的变化。

2．要提前准备充足的食物和饮用水。准备好手电筒和足够的电池，以便夜间照明使用。

3．准备一些常用的治疗感冒、外伤、防治中暑以及驱虫的药品，还有一些必要的止血用的绷带及消毒水、紫药水等，以备不时之需。

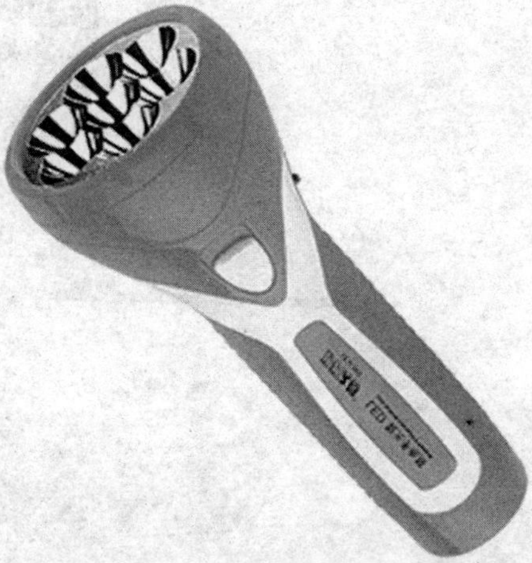

4．要穿运动鞋或旅游鞋，切忌穿皮鞋，穿皮鞋长途行走最容易磨出泡来。也不宜穿过于轻薄的便鞋，因为野外多有杂草，容易刺穿鞋底或鞋帮伤及脚部。

5．郊外的天气与市里的气温会有差别，通常早晨和夜晚天气较凉，要及时注意气温变化，随时添加衣物，防止伤风感冒等疾病的发生。

6．在郊游活动中千万不要单独行动，尤其是野外森林中，更应结伴而行，以防止意外的发生。

7．活动一天会很疲劳，晚上要充分休息并采取一些必要的防蚊虫措施，以保障充足的睡眠，以便有充足的精力参加第二天的活动。

8. 不要随便采摘和食用野蘑菇、野菜和野果等，以免发生食物中毒。也不要用手直接摘取奇特的花草，尤其不要接触其汁液，避免引起皮肤过敏。

9. 中小学生，尤其是小学生一定要在成年人的组织和带领下出去郊游。

10. 戴好必备防护手套及雨披、帽子等，以防止某些昆虫的袭击和雷雨天气。

登山活动安全常识

登山是一项较为危险的运动。自然环境的恶劣，个人操作的失误都会造成意外。所以，我们要尽量避开危险的境况，并加强自身技术的训练，提高在恶劣环境中的生存能力，在获得登山快乐的同时，确保登山过程中的安全。

1. 登山时要有老师或家长等成年人的带领，一定要集体行动，不能单独出行。

2. 登山的地点应该慎重选择。要向附近居民充分地了解清楚，当地的地理环境和天气变化的情况，选择一条最为安全的登山路线，并随时做好标记，以防止迷路。

3. 备好运动鞋、绳索、干粮和水。在夏季，一定要带上充足的饮用水，因为登山会出汗，如果不补充足够的水分，人很容易发生虚脱，甚至中暑。

4. 最好能随身携带急救的药品，如云南白药、止血绷带等，以便在发生摔伤、碰伤、扭伤时应急之用。

5. 登山之前要细致听取当地气象部门的天气预报，选择较为温和的天气出行。时间选择在早晨或上午，午后应该下山返回驻地。中途不要擅自改变登山路线和时间。

6. 背包不要选择手提式，要选择双肩背包，既可方便携带，又便于双手抓攀。还可以提前备用结实的长棍当做手杖，帮助攀登。

7. 登山前做好热身准备。可利用 10 ~ 20 分钟做肌肉伸展活动，尽量使全身肌肉放松。开始爬山锻炼时，切不可一上来就加大运动量，要循序渐进。通常要先做一些简单的热身运动，然后按照一定的呼吸频率，逐渐加大强度，避免呼吸频率在运动中发生突然变化。锻炼结束时，要放松一下，这样才能更好地保持肌群能力，使血液从肢体回到心脏。

8. 千万不要在危险的崖边留影照相，以防发生意外。

9. 登山时要随身携带必备的通讯设备，如手机、对讲机等，以防止意外时紧急求救。

集体活动安全常识

校园集体活动是丰富多彩的。上课、讨论、锻炼、做操、做实验等等，不仅使同学们从中获得了知识，而且又锻炼了我们的体能和才能，参加各项集体活动要遵守学校的规定和注意安全，否则就有可能发生意外伤害事故。

在学校里，同学们时常参加一些由学校、年级或班集体组织的集体活动，如参加比赛、演出、看电影、郊游等等。参加集体活动也要注意安全，不然就会发生一些意外事故，这样会影响活动的进行。

一、要遵守纪律

不要擅自离开队伍，不要到别的班级中逗乐玩闹。如果在点名时发现人数不齐，不仅不能正常开展活动，还会让带队的老师着急、担心。

二、要有集体荣誉感

对身有残疾或身体较弱的同学，要主动关心。观看演出或电影时，不能蜂拥而上抢占位置。自私自利的行为应当杜绝。

三、要防患于未然

当在礼堂或剧院开会、看演出时，要按秩序入场、离场。要学会识别公共场所和较大建筑物的安全标志，如剧场除了有大门外，还有太平门等紧急出口。如坐电梯时，要看清电梯内的急呼标志。在高层建筑物内除了电梯外，还有楼梯等紧急通道。

四、要懂得最基本的安全知识

在剧场内发生火灾时，如果离门口、窗口较远，人又拥挤，可迅速用手帕或帽子捂住口鼻，然后趴在地上，设法匍匐移向门口，不然容易被挤伤、踩伤或熏倒。

游泳安全常识

学好防水、溺水安全知识是防止溺水的最好措施，为了宝贵生命的安全，我们有必要学习一些游泳安全常识：

1. 中小学生必须在家长或监护人的带领下去游泳。因为单独一人去游泳最容易出现问题，如果你的同伴不是家长或成年人，在出现险情时，很难保证得到妥善的救助。

2. 要选择好适合游泳的地点，了解浴场周边的情况。如是否有救生条件，浴场是否卫生，水下是否平坦，有无暗礁、暗流、陷泥、杂草，水域深浅情况等。

3. 遇到恶劣天气，如电闪雷鸣、暴雨、沙尘、刮风、天气突变等情况，不宜游泳。

4. 参加强体力劳动或剧烈运动后，不宜立即跳进水里游泳，尤其是在满身大汗，浑身发热的情况下，绝不可以立即下水，这时下水最容易引起腿抽筋、感冒等不适症状。

5. 不要到非游泳区游泳。尤其是在郊游旅行时，由于事先水况不明，不知水的深浅缓急，极容易发生溺水事故。

6. 被污染的水域或者水质不好的河流、水库、有急流处、两条河流的交汇处以及落差的

河流湖泊等处，均不宜游泳。一般来说，凡是水况不明的江河湖泊都不宜游泳。

7．学习游泳时必须有专职教员在场指导与保护，并且要随时带上游泳圈。如在海边游泳，最好有救生衣。

8．在游泳之前一定要做好充足的准备活动。如，通过跳跃、慢跑使身体发热但不出汗至2～4分钟。其目的是使身体内各个器官进入到活动状态；做徒手操，使身体各关节、韧带及身体肌肉做好充分活动准备，以防受伤；入水前用冷水淋浴一下，以适应水温，然后下水。入水后不宜马上快速游泳，更不宜马上流入深水区，应先在浅水区适应一段时间后，再逐渐加速。

夏季天气炎热，不做准备活动马上入水，水温、体温、气温相差很大，突然入水，毛孔迅速收缩，刺激感觉神经，轻则引起肢体抽筋，重则引起反射性心脏停搏休克，很容易造成溺水死亡。游泳前要充分了解自己的身体健康状况，能否参加游泳要听取医生的意见，身体患病者不要去游泳。

9．中耳炎、心脏病、皮肤病、肝、肾疾病、高血压、癫痫、红眼病等慢性疾病患者，以及出现感冒、发热、精神疲倦，身体无力等情况时，都不要去游泳。因为上述病人参加游泳运动，不但容易加重病情，还容易发生抽筋、意外昏迷等意外情形，甚至危及生命。传染病患者游泳时易把病传染给别人。

10．不要贸然“扎猛子”、潜泳。游泳时不要打闹，以免喝水和溺水。

11．正确估计自己的水性，不要逞能，更不要太疲劳。

12．禁止酒后游泳；女同学月经期间均不宜游泳。

13．佩戴假牙的人，在游泳下水前应将假牙取下，以防呛水时假牙落入食管或气管。

14．游泳过程中，如果突然出现眩晕、恶心、心慌、气短或四肢抽筋等情况时，要立即上岸或呼救。

15. 当小腿或脚抽筋时，不要惊慌，可用力蹬腿或跳跃，或自己用力按摩，拉扯抽筋部位。

16. 一旦发现有人意外溺水，小朋友要赶紧大声呼救，千万不要在慌乱中跳水救人，以免发生救人不成，反让别人救的局面。

17. 几个人同时下河游泳时，切忌手拉着手。曾经发生过几个小伙伴一起手拉手下水救人，结果全部溺亡的惨剧，必须引以为戒。

户外运动安全常识

户外活动是每个孩子最向往的活动，然而，也是一些意外伤害最容易发生的时候。所以，在户外做运动一定要注意安全。

一、冬季户外活动应注意的问题

由于外界温度过低时，体内支配和控制体温的中枢功能降低，导致体温调节障碍，因而会引起局部冻伤。所以在冬季做户外运动时一定要注意以下几点：

1. 锻炼前做足热身准备。

一般来讲，当感到身上开始出汗时，应该说热身已做足了。热身可以利用一些户内的运动器械进行，也可以在户外热身，如小步慢跑等。

2. 穿的衣服要有层次。

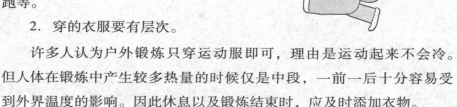

许多人认为户外锻炼只穿运动服即可，理由是运动起来不会冷。但人体在锻炼中产生较多热量的时候仅是中段，一前一后十分容易受到外界温度的影响。因此休息以及锻炼结束时，应及时添加衣物。

3. 运动前后及时补充水分。

冬季户外锻炼所需的水同夏季一样多，饮用的水可以是普通水或运动饮料。另一方面，在寒冷的天气，许多人会想喝一杯热咖啡或巧克力再出去锻炼，这是不科学的做法，因为其中含有咖啡因，会造成人体失水，是锻炼前最忌讳的饮料。

4. 保暖。

冬季在户外最重要的是保暖。最好穿戴质地轻柔的防水透气的防寒服及防寒手套、帽子、围巾、防寒鞋、徒步鞋。这样可有效防止在冰雪上滑倒，又利于登山行走。同时还应多带几件防寒服备用。勿使用排汗性能差的棉质内衣裤。

5. 护肤。

冬季气温低，干燥而且风大，皮肤表面水分流失较多。可以带些油性较大的保湿类护肤品，防止皮肤粗糙、干裂。冬季的紫外线也较强，可以相应预备防晒霜。

6. 护眼。

应预备太阳镜，防止雪地反射的阳光刺伤眼睛。可能的情况下，避免戴隐形眼镜。

7. 防滑。

在冰地上行走时，膝盖应微屈，身体的重心向前倾，这样就不易摔倒。还应根据具体情况选用冰爪等冰雪工具。

8. 相机电池保温。

相机里的电池在低温状态时无法正常拍照，所以应该在贴身口袋里多带一节电池备用。假如碰到温度过低的情况把贴身有温度的电池装进相机再使用即可。

9. 气候突变时。

如突起大风、气温忽然下降等，最好中止户外活动，采取应急措施。因为风雪弥漫时，极易使人迷失方向，一定要避免单人活动如单独去取水等。

10. 饮食。

应多喝水，多吃水果。由于干燥和严寒，经常会感到口渴，但饮水过多，在户外活动中会感到不便，随时携带润喉片可以缓解口渴感觉，多吃些高能量的食品。

11．冻伤。

冬季温度低，运动冻伤部位多见于手足末端、鼻尖、两耳。其中冻疮是冬季运动最常见的一种局部冻伤。起初没有明显的疼痛，这样许多人并不知道患了冻疮。当皮肤出现苍白、无感觉时才发现。冻疮常出现皮肤麻木，在高温时发生剧烈疼痛。

因此在冬季做户外运动时，一定要注意保暖，防止冻伤。一旦感觉麻木或冻伤应及时回到室内，用手轻轻摩擦缓解，或必要时涂抹冻伤膏。如果出现严重冻伤，要及时前往医院让医生处理。

12．慢跑。

通常人们用鼻子呼吸，而跑步时因肌肉剧烈活动，需要的氧气大大增加，就不得不用口来辅助呼吸。冬天的天气很冷，有时还有风沙，跑步时如果张着口大口大口地呼吸，冷空气会直接刺激口腔、咽喉、气管黏膜，会使这些部位的黏膜干燥不适，引起咳嗽。所以冬季慢跑时先用鼻呼吸，待稍适应后再用嘴呼吸，这样可避免冷空气直接刺激口腔，也避免或减少发生咳嗽的现象。

二、夏季户外活动应注意的问题

夏季在做户外运动时容易发生中暑，因此夏季锻炼要预防中暑，保证人身安全。

1．喝水。大量出汗，要及时补充水分。外出活动，尤其是远足、爬山或去缺水的地方，一定要带充足的水。条件允许的话，还可以带些水果等解渴的食品。

2. 降温。外出活动前，应该做好防晒的准备，最好准备太阳伞、遮阳帽，着浅色透气性好的服装。外出活动时一旦有中暑的征兆，要立即采取措施，寻找阴凉通风的地方，解开衣领，降低体温。

3. 备药。可以随身带一些仁丹、十滴水、藿香正气水等药品，以缓解轻度中暑引起的症状。如果症状严重，应该立即送医院诊治。

集体劳动社会实践安全常识

1．参加社会实践活动，青少年们将面对许多自己从未接触过的或不熟悉的事情，要保证安全，最重要的是遵守活动纪律，听从老师或有关管理人员的指挥，统一行动，不各行其是。

2．参加社会实践活动，要认真听取有关活动的注意事项，什么是必须做的，什么是可以做的，什么是不允许做的，不懂的地方要询问、了解清楚。

3．参加劳动，青少年必然要接触、使用一些劳动工具、机械电器设备，在这个过程中，要仔细了解它们的特点、性能和操作要领，严格按照有关人员的示范，并在他们的指导下进行。

4．对活动现场一些电闸、开关、按钮等，不随意触摸、拨弄，以免发生危险。

5．注意在指定的区域内活动，不随意四处走动、游览，防止意外发生。

体育运动后安全措施

一、不宜立即吸烟

运动后马上吸烟，吸入肺内的空气中混入大量的烟雾，一方面将减少氧量，另一方面将因供氧不足出现胸闷、气喘、头晕、乏力等。有资料表明，身体疲乏时吸烟的危险比平时更大。

二、不宜马上洗澡

运动时体内大量血液分布在四肢及体表，一旦运动停止，增加的血液量还要持续一段时间，此时如果马上洗澡，易导致血液过多地进入肌肉的皮肤，将使心脏和大脑的供血不足。

三、不宜贪吃冷饮

运动后失水较多，往往口干舌燥、极想喝水，这时如喝下大量的冷饮容易引起胃肠痉挛、腹痛、腹泻等疾病。

四、不宜蹲坐休息

运动后马上蹲下休息，不利于下肢血液回流，影响血液循环，易加重肌体的疲劳。

五、不宜立即吃饭

运动时神经系统控制着肌肉活动，而管理人体内脏器官的神经系统处于抑制状态。同时全身的血液也处于运动器官处，内脏处较少，此时进食，会增加消化器官的负担。

带病学生运动宜忌

运动和体育锻炼对身体有好处，但是有些患有先天性疾病和其他疾病的同学则不能参加体育运动，具体注意事项如下：

一、什么样的学生不宜参加体育活动

1．患有各种疾病处于急性期的学生。

2．患有先天性心脏病的学生不能上体育课和比赛，体育活动也要在体育教师的指导下，参加适当的保健活动。

3．患有肝炎、肾炎、肺结核等的学生，不宜参加剧烈活动。

4．感冒发烧的学生不宜参加体育活动。

二、体育课中应注意的安全事项

1．认真检查学生服装，着装不符合规范的，应当要求其更换，或者安排其他运动，以免学生受伤。

2．体育课上，体育老师应当将课程内容详细告知学生，向学生示范标准动作，告知并演示学生如何自我保护。

3．给予学生必要的准备活动时间，教师要指导和带领他们做好准备和整理活动，避免肌肉、韧带拉伤，坚决杜绝“放羊式”体育课的

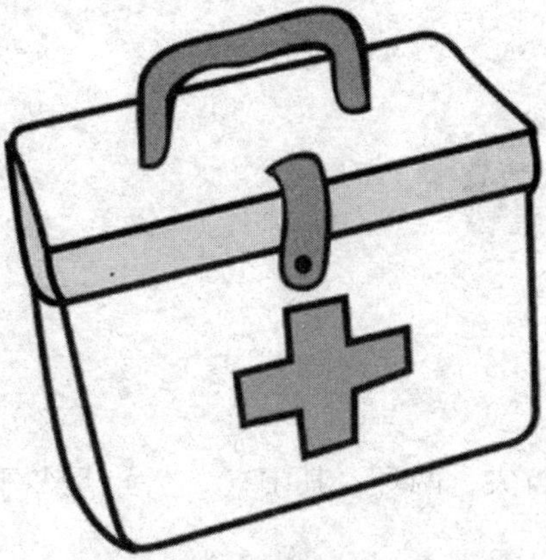

出现。

4. 加强保护与帮助，运动全过程中老师必须做好保护工作，切实保障学生的运动安全。

5. 在进行具有一定危险性的体育活动时，应当保证始终有老师临场管理与监控。

6. 注意发现并处理好学生体育课中的异常现象。在体育教学中，我们要善于观察和发现学生中存在的一些异常的情形，及时调整教学强度和密度。

7. 体育活动要严密组织，严格纪律。

单元练习

一、填空题

1. 较适宜锻炼身体的时间是（　　　　　　　　　　　　　　　）。

2. 运动冻伤部位多见于手足末端、鼻尖、两耳。其中（　　）是冬季运动最常见的一种局部冻伤。

3. 通常人们用鼻子呼吸，而跑步时因肌肉剧烈活动，需要的氧气大大增加，就不得不用（　　）来辅助呼吸。

4. 防止中暑的最好办法是：（　　）。

5. 登山的时间最好选择在：（　　）或（　　）。

6. 游戏时要注意选择安全的场所，要远离（　　），（　　），（　　），（　　），这些地方非常容易发生危险，稍有不慎，就会造成伤亡事故。

7. 登山运动时应备好（　　），（　　），（　　）和（　　）。

二、问答题

1. 运动锻炼的基本常识有哪些？

2. 集体活动安全常识有哪些？

3. 冬季和夏季户外运动分别应注意哪些问题？

4. 课间活动应注意哪些安全防范？

第四单元

运动伤害防护常识

教室内活动的自我防护

在教室内活动，还有许多看起来细微的小事情值得同学们注意，否则，同样容易发生危险。这主要有以下几个方面：

1. 防磕碰。目前大多数教室空间比较狭小，又置放了许多桌椅、饮水机等用品，所以不应在教室中追逐、打闹，做剧烈的运动和游戏，防止磕碰受伤。

2. 防滑、防摔。教室地板比较光滑，要注意防止滑倒受伤；需要登高打扫卫生、取放物品时，要请他人加以保护，注意防止摔伤。

3. 防坠落。住楼房，特别是住在楼房高层的，不要将身体探出阳台或者窗外，谨防不慎发生坠楼的危险。

4. 防挤压。教室的门、窗户在开关时容易掩手，也应当处处小心。

5. 防火灾。不要在教室里随便玩火，更不能在教室里燃放爆竹。

6. 防意外伤害。改锥、刀、剪等锋利、尖锐的工具，图钉、大头针等文具，用后应妥善存放起来，不能随意放在桌子上、椅子上，防止有人受到意外伤害。

体育活动中的自我防护

经常参加体育活动，可以增强体质，更好地学习文化知识，但要注意安全：

1．要在运动之前换上胶底运动鞋。运动鞋弹性大、摩擦力大，而塑料皮底的鞋又硬又滑，不适宜运动时穿。

2．要认真做好全身准备活动，否则肌肉拉伤、扭伤、骨折等都可能发生。

3．运动前，女孩子摘下发卡、塑料或玻璃饰物，男孩子不要在衣裤内装小刀等锋利物品。

4．要在教师或同伴的保护下做器械运动，如单杆、双杆运动时，严格按老师的要求去做，尤其是投掷标枪、铅球时，不能擅自投出或捡回，否则有可能被击中受伤，甚至危及生命。

5．一旦摔伤，不要急于起来，也不要乱搬动受伤同学，等校医或教师来处理。

6．夏天运动后不要喝凉水，可以喝些淡盐水，防止中暑；运动后及时擦净汗水穿好衣服，不要立即冲凉，以防感冒。饭前饭后及睡觉前不要做剧烈运动。

体育锻炼前的安全措施

在健身过程中，人体内部会发生一系列的功能变化，这些功能变化一般可分为：锻炼前状态、锻炼中稳定状态、锻炼后的疲劳和恢复过程等几个阶段。掌握各阶段的规律，运用于身体锻炼的实践当中，对增强体质大有益处。

一、把握当日的身体状况

在当日运动前，若出现如下症状，表明运动过于激烈或强度过大，应该中止或改换轻度运动：

1. 睡眠不足。
2. 有过度疲劳感。
3. 宿醉酒后（宿醉未醒）。
4. 受强烈的精神刺激后。
5. 感冒、痢疾或其他身体不适。
6. 使用药物后（神经镇静剂、降压剂、心脏病类药物等）。

二、环境条件

在过热或过冷的环境条件下进行运动，对锻炼年轻人的意志与耐力会有积极的作用。但也存在着一定的危险，因此，运动时应注意时间段的选择。夏季应选择凉快的时间段进行运动，冬季则应在暖和的时间段参加运动。

三、食后锻炼时间

一日中什么时间锻炼最适当呢？这个问题实际是运动与饮食的关

系问题。结论是食后一段时间内应注意避开运动。其理由是：

1．刺激胃肠。若饱食后进行运动，会给胃肠带来机械性刺激，使胃肠内溶物左右上下振动，可引起呕吐、胃痉挛等症状。

2．血流分配紊乱。饱食后消化器官需要大量血液来消化吸收，当全身肌肉在运动时，也需要大量血液参与，于是就会夺取消化器官的血液量，导致消化吸收功能的紊乱，这种紊乱既影响运动效果又危害机体。

3．影响运动效果。人体进食后体内副交感神经受到抑制，此时若要锻炼，运动效果不显著。

另外，食后胰岛素分泌上升，可抑制脂肪的分解，能量的来源就会受到限制。据研究，强度运动可在食后两小时后进行，中度运动应在一小时后进行，轻度运动在半小时以后进行最合理。据此可以推出几个运动的时间段，如下所示：

早晨时间段：晨起～早餐前。

上午时间段：早餐后两小时～午餐前。

下午时间段：午餐后两小时～晚餐前。

晚间时间段：晚餐后两小时～睡前。

以上各时间段都有其特点及不利点，例如早晨时间段，人体进行强烈运动时，可促使交感神经兴奋起来，这种急速变化可使机体产生一系列的心理变化并影响全天精神状态，对健康有害。另外这个时间内血糖正处于低水平上，运动能消耗大量的血糖，容易导致低血糖症状发生。而在上下午时间段运动时，则又受上班、工作、家务等客观方面的影响，而且，夏季里这些时间段又最热，因此也应看实际情况进行安排。

现代运动生理学的研究表明，人体体力的最高点和最低点受机体“生物钟”的控制，一般在傍晚达到高峰。比如，最大摄氧量的枯点在下午6时，心脏跳动和血压的调节以下午5～6时最为平衡，而机体嗅觉、触觉、视觉等也在下午5～7时最敏感。因此，傍晚锻炼的效果较高。

另外，人体在下午4～7时体内激素调整和酶的活性也处于良好状态，机体适应能力和神经的敏感性也最好。所以，专家们提倡傍晚锻炼，但在晚间时间段内，如进行高强度运动，也会使交感神经兴奋，从而妨碍入睡等。因此选择哪个时间段进行何种运动项目，应该根据每个人的具体情况及生活习惯进行合理安排。

四、准备活动

1．准备活动的目的。

准备活动的目的在于能使机体逐步地进入运动状态，并在此基础上通过进行各种预备练习，进一步提高中枢神经系统的兴奋性，并达到适宜水平；还能加强各器官活动和各功能活动（特别是植物神经功能）的兴奋性，为机体正式进入运动状态起到预热作用。

2．准备活动的作用。

促使代谢活动旺盛，提高机体呼吸及循环功能；

利于氧气吸入及运输，提高氧在体内的利用率；

提高体温，使肌肉、肌腱的供血充分，预防肌肉撕伤及肌腱断裂；

增加关节的活动性和肌肉的柔韧性；

促使身体内部各功能器官进入运动适应状态，有效预防运动创伤发生；

充分发挥机体运动功能，提高运动效果和运动成绩。

3．准备活动的内容。

准备活动一般有快走、慢跑及原地连续性徒手体操等全身性活动形式。这些活动能使四肢关节活动度加强，有助于一般性运动能力得到提高。在此活动之后，最好再做一些与主项运动内容有关的模仿练习动作，这样可促使大脑皮质中的运动中枢兴奋性达到适宜水平，身体状态能做好充分的准备，从而提高运动效果。

准备活动持续时间的长短、强度的大小，应根据运动者年龄、身体情况、训练水平等作相关调整与正式运动之间有 1 ~ 3 分钟的间隔较为适宜，也可不休息直接进行锻炼，切忌准备活动后休息时间过长而失去作用。

体育锻炼中的安全措施

体育锻炼中的安全措施，最重要的是自我保护。由于锻炼的目的是维持和增进健康，因此尽量避免运动量过大的现象出现。下边是在体育锻炼中常见的几个症状。

一、呼吸困难症状

对于还未适应运动的人，在运动刚刚开始 1～2 分钟即感到呼吸困难，常使运动无法再继续下去。其大部分情况都是在呼吸、循环的氧气运输能力还没有充分提高之前，致使无氧供能的能量枯竭或血乳酸显著升高。努力克服此症状，对运动锻炼是有一定意义的。此时可中止运动，休息数分钟使身体恢复平静状态之后，再接着从轻运动开始练习。

一般人只要运动强度不大，是可以顺利从无氧过程过渡到有氧过程的。10～20 分钟的运动也能简单地完成。若在 5 分钟以内有呼吸困难症状者，可能是该运动的强度过大，不适宜再进行。

二、腹痛症状

跑步中常发生的腹部疼痛症状，原因很多，但大多是由于运动和胃肠痉挛或肝脾淤血引起的。胃肠痉挛多由肠内储积废气所致，某些食物在胃肠道内发酵而产生一些废气，另外，进食过饱或过多饮用碳酸性饮料也能引起腹痛，再者是由于进食、进水、吞咽唾液时带入食管的冷空气刺激所致。

肝脾淤血引起的腹痛主要是以胀痛为主，这是由于机体进入运动状态后，循环器官（心血管）功能没有立即适应，导致心搏量相对较少，引起静脉血在肝脾内一时性的淤滞。

当腹痛发生时，中止运动或减慢运动速度，即可自然消除疼痛症状。容易发生腹痛者，在日常生活中应注意调节食物结构，宜食用容易消化的营养食品，并养成每日早晨大便的习惯，还要有必要地控制运动前、运动中的碳酸性饮料的摄入量。

还要认真对待准备活动，使机体逐渐进入运动状态，在跑步中要掌握正确的呼吸方法，只用鼻呼吸而不用口呼吸，还要根据运动量来调整呼吸的节律及深度。总之，应避免腹痛发生，保证运动的顺利进行。

三、胸闷症状

运动中还常有胸前区发闷、发胀、发痛等症状发生。这是因人心脏缺血所引起的心疼痛或冷空气刺激支气管而引起的气管痛症状。心前区疼痛者大部分人有冠状动脉硬化症，此外心脏肥大或贫血者也容易并发此症，过去认为，运动时所产生的心前区疼痛症状，对机体是有害的。

现行的研究表明，除特别严重者以外，一般是不必担心的。只要不引起其他临床症状，是可以进行适当运动的。而且，运动还具有一定的治疗效果。对于支气管疼痛症状，可通过间隔运动使其自然消失。若在运动中发生干咳症状，要调整呼吸方法使其缓解，寒冷季节还应加戴口罩进行运动，以防止寒冷空气对呼吸道的刺激。

四、下肢疼痛症状

运动所引起的下肢疼痛有各种各样的症状，根据症状的不同，处置方法也各不相同。

长期不运动者，初次参加运动时，次日可感到小腿（小腿三头肌）和大腿（股四头肌）部位的大部分肌肉疼痛。这是由于激烈运动导致乳酸积累，从而引起肌肉细胞膨大或渗出性无菌性炎症所引起的疼痛，不需做任何特别的处理，1～2日即可自然消失，所以对此不必过分担心。疼痛的反应可引起一次性的运动量减少，或1～2日的中断运动等，本人可根据实际情况进行判断处理，疼痛不严重时可坚持小运动量。

从开始跑步到坚持2周以上时，逐渐会出现足、膝的关节疼痛。这是由于反复施加的过大运动量给骨或关节韧带增加了负荷而引起的。此种疼痛比较顽固，这时应中止锻炼数日，等疼痛消失后再开始运动。再度开始运动时，运动强度应该比前次减小。

疼痛的产生有时与环境因素有关。例如道路的硬度、鞋的不适等原因都可诱发疼痛。反复出现疼痛时，应该到医院检查，以明确疼痛原因，进行对症治疗。

运动中引发的下肢疼痛，可能是由扭挫、肌肉撕伤、肌腱断裂甚至是骨折等所引起的。此时原则上要保持安静，应立即接受医生的诊断治疗。

五、中暑及日射病症状

中暑是因高温或受到烈日的暴晒而引起的疾病。由于造成中暑的条件不同，以及起的机体病理性变化不一样，中暑可分为中暑衰竭、中暑痉挛、日射病、中暑高热等类型。

在高温环境中长时间进行运动时，体温异常上升，使汗难以蒸发，则引起运动性中暑。尽管典型中暑症状包括无汗，但运动性中暑的最初症状是大量出汗脱水。在强烈日光（紫外线）过分照射下所引起的中暑称为日射病。

日射病的症状：患者感到剧烈的头痛、头晕、眼花、耳鸣、呕吐、烦躁不安等。严重时昏迷、惊厥，但体温正常或微升。

日射病的特征是体温上升时却感到寒冷，皮肤出现“鸡皮”样变

化。这些症状在临床易发生误诊。要注意采取应急措施对待。这种情况尤其是在无风、高温、多温、太阳强的环境条件下剧烈运动时，容易发生。所以应该避免在这种环境中做长时间剧烈运动。老年人及有中暑史的人在劳累后参加锻炼时尤易发生。当白天气温超过 28℃，长距离运动应该中止。在气温接近 28℃的情况下，可将长距离跑程安排在午前 9 点前或下午 4 点后的时间段进行，以避开正午的高热。

对日射病的紧急处置原则是降温为主，一般用冷袋和冷水湿敷治疗。当体温高达 39℃以上时，可将冰袋放置在患者头部前额及枕部、胸部、腋区、大腿内侧等部位，用物理疗法进行降温。中度发热时（38℃）可用冷毛巾擦浴全身，微热时（37℃）可将身体暴露在阴凉的场所进行自然降温。运动引起的中暑性昏厥发生后，如果及时采取降温措施就会很快恢复，但对身体会有一定损害，预防为主是上策。

六、补充水分的方法

运动中大量发汗可使血液浓度上升，循环血量减少，前者可使血液流动的阻力加大，后者可使心搏量减少。因此，大量发汗将影响循环功能，是引起脱水、昏厥、极度疲劳的危险因素。血液浓度增高可使渗透压升高，反射性地引起发汗中枢对汗进行抑制。发汗量少时又可使体温调节功能低下，体温异常上升有可能导致运动中暑。

所以，在大量发汗的运动中应重视补充水分。水分对人体是非常重要的，但一次性地大量饮水可引起胃内振动，导致恶心、呕吐、腹部不适等症状。因此，必须注意饮水的方法。

饮水量应按照运动量和排汗量的多少来相应调整，不可滥饮。所以饮水量必须区别对待。大量饮水会给心脏增加负担。

轻度运动中发生口渴现象，先不要饮水，这是由于口腔咽喉黏膜干燥引起的，可以用温开水漱漱口，以缓解口干舌燥症状。

运动中或运动后，每次饮水量要合理，绝不可开怀畅饮，一次水分的摄取量应以100毫升左右为宜，超长距离跑的途中，可根据发汗量的多少，以每次间隔20～60分钟一次的程度进行补水调节。

出汗失水也丢失盐分，因此有必要在补水的同时加入一定量的盐。考虑到能量的补充，还应在饮料中适当添加一些糖分。但是，一向人为健康而进行的轻度运动，通常没有极端的脱水现象，所以不需要过分考虑水盐糖的补充问题。

运动中意外损伤的防护

运动性损伤是指在体育运动过程中所发生的损伤，青春期由于身心发育特点，非常容易发生运动损伤，发生原因主要是思想认识不足，准备活动不够，过高估计自己，心理紧张或急躁，技术要领未掌握或运用好，运动量过大，身体健康功能不良，场地器械和气候条件不佳，自我保护和相互保护意识缺乏等。

一、体育锻炼预防意外

在中学生所受到的严重外伤中，因体育锻炼致伤的比例超过50%。其中球类运动和体操所引起的外伤较多，初中学生也比高中学生容易在体育锻炼中受伤。这主要有以下原因：

首先，中学生的大脑皮层容易兴奋，肌体容易疲劳，而注意力则不容易集中，肌体的协调、应变、平衡等功能的发育也不完善。这样，在做一些难度较大的复杂动作时，就容易引起外伤。比如在单、双杠上做大摆动或做转体练习时，都要求注意力集中，身体的协调、平衡功能要好。其次，中学生活泼好动，好胜心强。有些人还没有掌握动作要领，就急于表现自己，甚至互相嬉戏或打赌比赛，结果因动作失误而受伤。还有的学生进行体育锻炼时，因缺少保护而受伤。

二、中学生运动中易发生的外伤

中学生在运动中容易发生的外伤情形主要有几种：流血、骨折、脱臼、撞伤、挫伤、扭伤、戳伤等。大量出血的时候，应立即进行止血处理；如果怀疑是骨折，就应立即采取骨折的处理方法。如果是轻度的撞伤或挫伤，可用冷湿布敷在疼痛或肿痛的部位。但如果撞伤严重，或是头、胸、腹等部位受到较大的撞伤，应特别注意，因为这有可能出现内出血或内脏损伤的危险。情节严重的体育运动外伤，都应在初步救护的同时向急救中心呼救或视情节送往医院救治。

三、锻炼时要注意的问题

加强身心素质的全面锻炼，提高身心对各运动项目的适应能力，特别是提高心理稳定和调节水平，消除紧张和急躁、粗心等心理现象。

做好充分的准备，特别是加强易受伤部位的锻炼和准备。掌握好技术动作要领，认真练习，按要求正确操作。

加强自我保护和相互保护意识，提高思想认识和应急意识，学会和熟练掌握自我保护的方法，如摔倒时立即屈肘、低头、团身，以肩背部着地，顺势翻滚，而不要直臂撑地。器械练习时特别要注意相互保护，如做单杠或跳马练习时。

四、自我监量检查

运动前要进行场地器械及个人服装、鞋子等安全检查，并自我评估身心健康状况，如身体不适、情绪低落、心理紧张、技术掌握不良等，应停止或避免较高难度的体育锻炼项目。

夏令营时的意外防护

夏令营是学生时别有生趣的一项集体活动，它对于了解社会、热爱自然、增长知识、锻炼身体、调节心理、培养生活的独立性都有很大的好处，深受学生的欢迎。夏令营的规模可大可小，活动内容也可多可少，这主要根据活动时间、人数及客观条件来决定。

为了达到参加夏令营的目的，使学生在娱乐、增长知识和锻炼身体等方面都有收益，应注意做到以下几点：

首先要做到有计划有目的。对夏令营活动的时间、路线、参加人数、交通工具、住宿以及活动内容的安排都要有周密的考虑。应先与活动当地取得联系，以便于生活安排和开展活动。接着要进行组织落实，分工负责。对参加夏令营的学生可按照大孩带小孩，男带女的方法分成若干小组，选出各组组长，再由一名老师分管几个小组，并制定活动纪律和注意事项，要求大家团结互助。

另外，还要派专门负责生活（住宿）、交通、参观游览的老师，若参加夏令营人数多，可带一名校医一同随行。

外出活动的生活和娱乐用品应带好。若都是小学生参加的夏令营，则时间不宜长，路程不宜远，不要到高山区和海、河区活动。小学生不要带零用钱，不准自行购物或买东西吃，小学生的生活和活动均由老师安排。

切实做到安全第一，乘车安全。游玩活动中的安全更要注意。年龄小和第一次离开父母参加外出活动的小学生，他们好奇心强，兴奋性高，但独立活动能力差，应加强对他们的照看，在外出活动前应了解学生的身体状况（感冒、贫血、晕车等），身体状况不佳者，不要外出。

夏季外出活动容易患胃肠道疾病、皮肤病（如植物性皮炎、蚊虫叮咬等）、中暑和外伤，因此要做到饮食卫生，饭前便后洗手，不买零食吃，还要备好常用药品。服装要柔软宽松，最好有长、短的休闲服或运动服，脚穿旅游鞋或运动鞋，着装整齐、统一，这不仅有一种组织气氛，也便于活动中认清队员，以免失散。

溺水时的应急救助

溺水又称淹溺，常因失足落水或游泳中发生意外事故所致。淹溺的进程很快，一般4～5分钟或6～7分钟就可因呼吸心跳停止而死亡。必须积极抢救。

一、淹溺致死的原因

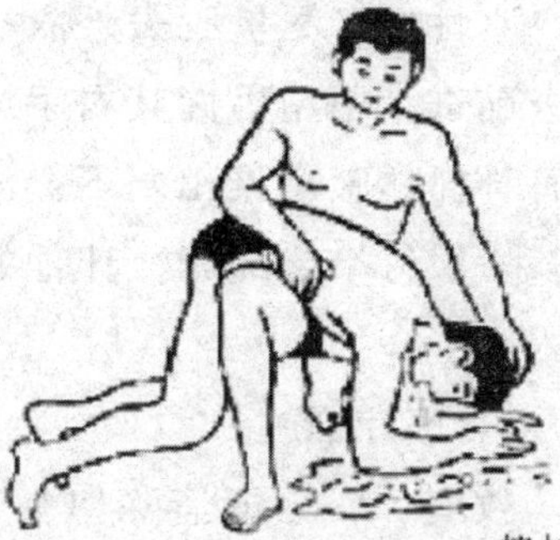
控水

1．大量水、水藻、草类、泥沙进入口鼻、气管和肺，阻塞呼吸道而窒息。

2．惊恐、寒冷使喉头痉挛，呼吸道梗阻而窒息。

3．淡水淹溺大量水分入血，血被稀释出现溶血，血钾升高导致心室颤动，心跳停止；海水淹溺，高钠引起血渗透压升高，造成严重肺水肿，导致心力衰竭而亡。

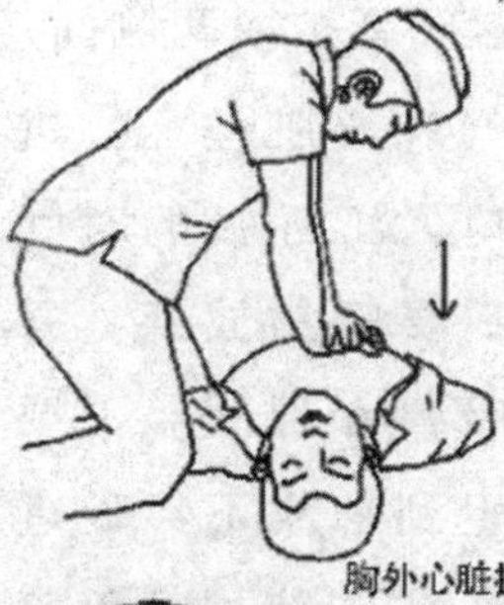
胸外心脏按摩

4．淹溺发生在水中，寻找伤员很是花费时间，被救上岸时已丧失抢救时机。

二、溺水时的表现

人工呼吸

1．轻者面色苍白，口唇青紫，恐惧，神志清楚，呼吸心跳存在。

2．重者面部青紫、肿胀，口腔充满泡沫或带有血色，上腹部膨胀，四肢冰凉，昏迷不醒，抽搐，呼吸心跳先后停止。

三、溺水的急救措施

1．自救

具体方法是采取仰面位，头顶向后，口向上方，努力使口鼻露出水面，进行呼吸。呼气浅而吸气深，稍浮于水面待救。也可憋住气尽量不吸气，以免呛水。不可将手上举或挣扎，因举手反使人下沉。若因腓肠肌痉挛而致淹溺，立即呼救，自己将拇趾屈伸，并采用仰面位，浮出水面。

2．他救

水性好者尽量脱去外衣、裤及鞋袜，迅速游至溺水者附近，从其后方前进，用左手握其右手或拖住头部用仰泳方式拖向岸边，也可从其背部抓住腋窝推出。不会游泳者切忌用手直接拉溺水者，而应在现场找一根竹竿或绳索，让他拽住再拖上岸，否则溺水者会把救护人员拖入水中。

3．医疗措施

救出水后立即清除口鼻内的污泥、呕吐物，以保持呼吸道通畅。牙关紧闭者按捏两侧面颊用力启开。呼吸微弱或已停止时，立即口对口吹气和心脏按压。进行口对口人工呼吸的时间要长，不要轻易放弃，并可给予吸氧和保暖。不要坐等医生到来或不经处理就直接送往医院，以免丧失最初宝贵的抢救时机。

4．抢救溺水者不要强行“控水”

头置于侧位时口腔中

的水即能流出。大多数溺水者是因气管呛入少量的水呈“假死”状态。所以“让患者吐水”没什么实际意义。吸入肺中的水不易压出，而进入胃部的水，却与呼吸无关，同时让溺水者吐水反倒容易使水误入气管而呛住。

5. “控水”的方法

溺水者取俯卧位，用衣物将其腹部垫高或横放在救护人员屈曲的膝上，救护人员跪下，一腿屈膝，让溺水者的头尽量低垂，轻轻拍打其背部，使进入呼吸道和胃中的水迅速排出。然后将其置于平卧头侧位进一步抢救。

心肺复苏病人恢复心跳呼吸后，可用干毛巾擦遍全身，自四肢、躯干向心脏方面摩擦，以促进血液循环。重症病人经现场救护后送医院进一步诊治。

游戏时的意外伤害

游戏是中小学生生活中的重要内容。课间休息时同学们都喜欢打打闹闹，来放松一下自己紧张的身心，但在游戏时不要忘记，要树立安全意识。每节课后的10分钟，同学们要合理安排休息时间，特别要注意安全，千万不要伤到自己或别的同学，发生一些不该发生的事故。

一、游戏要注意选择安全的场所

游戏活动不要选择在楼梯口、教室门口、台阶上进行，最好去操场或户外空旷的地方。避开变压器、高压电线等危险地方，不要攀爬高墙、电线杆等。因为这些地方非常容易发生危险，如果不小心就会造成严重后果。

这不仅会影响你的身体健康，还会让家长、老师以及学校领导担心。选择安全的游戏来做，不要在楼道、教室门口和楼梯上追跑、打闹，以免滑倒、跌伤或撞伤其他同学。

不要做危险性强的游戏，例如用铅笔刀、铁锹等锐器在别的同学面前挥动打闹，用石子、树枝等相互投打，这样做的危险性很大，容易造成预料不到的恶果。相互嬉闹注意分寸。

同学之间朝夕相伴，总免不了开一些玩笑来放松一下劳累的身心。但要注意，嬉闹时应该注意分寸，不要玩过火。如果不注意分寸，就有可能引发意外事故，造成不必要的伤害。这不仅伤害到同学们的健康，还会影响到以后的交往。

二、科学建议

课间不要做剧烈运动。首先会影响学习，这样会过度消耗同学们的精力，从而使上课时不能集中注意力去听老师讲课；其次还会影响健康，同学们正处于发育期，身体各个器官的发育还不完全，承受不住剧烈运动。所以在下课时要做一些适合自己的运动。

课间休息应到室外去。这样不仅可以呼吸到新鲜空气，还可以享受到温暖的阳光，有助于身体健康。

进行远眺。这样不仅会使眼睛得到休息，预防近视的发生，还可以放松劳累的身心。

保证教室充分地通风换气，创造一个利于学习的环境。这样既有利于身心健康，还可免除细菌的干扰。

单元练习

一、填空题

1. 现代运动生理学的研究表明，人体体力的最高点和最低点受机体“生物钟”的控制，一般在（　　）达到高峰。

2. 选择哪个时间进行何种运动项目，应该根据每个人的具体情况及（　　）进行合理安排。

3. 中暑可分为（　　）、（　　）、（　　）、（　　）等类型。

二、问答题

1. 体育锻炼前应采取哪些安全措施？

2. 体育锻炼中有哪些常见症状？

3. 体育锻炼时，学生易受伤主要有哪些原因？

第五单元

体育课的安全常识

体育课应注意的安全常识

体育课在中小学阶段是锻炼身体、增强体质的重要课程。体育课上的训练内容是多种多样的，因此安全上要注意的事项也因训练的内容、使用的器械不同而有所区别。

1. 短跑等项目要按照规定的跑道进行，不能串跑道。这不仅仅是竞赛的要求，也是安全的保障。

特别是快到终点冲刺时，更要遵守规则，因为这时人身体的冲力很大，精力又集中在竞技之中，思想上毫无戒备，一旦相互绊倒，就可能严重受伤。

2. 跳远时，必须严格按老师的指导助跑、起跳。起跳前前脚要踏中木制的起跳板，起跳后要落入沙坑之中。这不仅是跳远训练的技术要领，也是保护身体安全的必要措施。

3. 在进行投掷训练时，如投手榴弹、铅球、铁饼、标枪等，一定要按老师的口令进行，令行禁止，不能有丝毫的马虎。

这些体育器材有的坚硬沉重，有的前端装有尖利的金属头，如果擅自行事，就有可能击中他人或者自己被击中，造成受伤，甚至发生生命危险。

4．在进行单、双杠和跳高训练时，器械下面必须准备好厚度符合要求的垫子，如果直接跳到坚硬的地面上，会伤及腿部关节或后脑。做单、双杠动作时，要采取各种有效的方法，使双手握杠时不打滑，避免从杠上摔下来，使身体受伤。

5．在做跳马、跳箱等跨越训练时，器械前要有跳板，器械后要有保护垫，同时要有老师和同学在器械旁站立保护。

6．前后滚翻、俯卧撑、仰卧起坐等垫上运动的项目，做动作时要严肃认真，不能打闹，以免发生扭伤。

7．参加篮球、足球等项目的训练时，要学会保护自己，也不要在争抢中蛮干而伤及他人。在这些争抢激烈的运动中，自觉遵守竞赛规则对于安全是很重要的。

参加运动会的安全常识

运动会的竞赛项目多、持续时间长、运动强度大、参加人数多，安全问题十分重要。

1．要遵守赛场纪律，服从调度指挥，这是确保安全的基本要求。

2．没有比赛项目的同学不要在赛场中穿行、玩耍，要在指定的地点观看比赛，以免被投掷的铅球、标枪等击伤，也避免与参加比赛的同学相撞。

3．参加比赛前做好准备活动，以使身体适应比赛。

4．在临赛的等待时间里，要注意身体。

5．临赛前不可吃得过饱或者过多饮水。临赛前半小时内，可以吃些巧克力，以增加热量。

6．比赛结束后，不要立即停下来休息，要坚持做好放松活动，例如慢跑等，使心脏逐渐恢复平静。

7．剧烈运动后，不要马上大量饮水、吃冷饮，也不要立即洗冷水澡。

体育教学安全教育措施

1. 体育教师必须加强运动技术指导和安全保护工作，要使学生知道每一项运动动作的技术要领，懂得锻炼和保护的方法以及可能发生的意外事故和应注意的事项。

2. 体育教师与医务人员密切配合，建立学生体格检查制度，对于有病与体弱的学生，必须在医生指导下才能进行适当的体育活动。

3. 体育教师要和体育设备管理人员合理划分运动场地和设置警示标志。并根据具体情况规定运动秩序和规则。

4. 学生上体育课，教师要指导他们做好准备和整理活动，避免肌肉、韧带拉伤，坚决杜绝“放羊式”体育课的出现。

5. 学生上体育课必须着运动服装，穿运动鞋。不应穿带有口袋的制服，身上不要佩带金属徽章（如团徽）、别针、小刀和其他尖利或硬质物体，女生不得穿高跟鞋、男生不得穿皮鞋，要穿运动服和无跟软底鞋。体育课中，如确需穿钉鞋时，必须得到体育教师的允许。

6. 体育活动要严密组织，严格纪律。学生上体育课必须遵守纪律，听清教师关于课堂体育活动应注意的事项，记住安全要领，增强安全意识，防患于未然。要服从教师的安排和体育干部的调配，不做与该节课无关的活动。不得擅自进行教师没有布置的运动项目。

7. 体育设施必须安装牢固。在进行包括铅球、标枪在内的田赛项目锻炼时，场内、场外学生都必须服从教师安排，在教师指定的位置内站立，注意安全，做到思想不开小差，一切行动听指挥。在体操项目练习时，必须注意自我保护，在无教师或教师指定的学生保护时，学生不能自行练习。

8. 学生不得攀爬有关体育设施，如：篮球架等。

9. 任课体育教师为安全责任人，负责上述体育活动的安全教育。

不宜参加体育运动的情况

1. 对患有各种疾病的急性期学生，应当遵照医嘱服药和休息，停止参加体育活动。

2. 患有先天性心脏病的学生，不能上体育课和参加体育竞赛。课外活动也要在体育教师指导下进行，参加运动量不大的保健活动。

3. 患肝炎、肾炎、肺结核等刚病愈的学生，不能参加剧烈体育活动。

4. 感冒发烧的学生也不宜参加体育锻炼。

5. 饭后不宜立即进行剧烈运动。

使用体育器械注意事项

1. 在进行单、双杠活动时，先检查器械是否完好，会不会晃动，必要时器械下面备好体操垫及做好保护。

2. 在做跳箱、跳马、跳山羊等跳跃活动时，器械前放跳板，器械后放海绵垫，同时在器械旁做好保护。在器械前后缺乏保护设施，不要跳跃。

3. 投掷，如铅球、实心球、标枪等，一定要按老师的口令行动，不可有丝毫的马虎。

4. 跳高、跳远时，必须严格按体育老师的指导进行。跳跃前必须掘松沙坑并耙平，防止落地蹬伤或扭脚。背越式跳高，要备好厚度、宽度与长度符合要求的海绵垫，防止落地时受伤。

单元练习

一、填空题

1. 在做跳马、跳箱等跨越训练时，器械前要有（　　），器械后要有（　　），同时要有老师和同学在器械旁站立保护。

2. 学生上体育课必须着（　　），穿（　　），不应穿带有口袋的制服，身上不要佩带（　　）、（　　）、（　　）和其他（　　）或（　　）物体。

3. （　　）、（　　）、（　　）、（　　）等刚病愈的学生，不能参加剧烈体育活动。

4. 在进行单、双杠活动时，先检查器械是否完好，会不会晃动，必要时器械下面备好（　　）及做好（　　）。

二、问答题

1. 参加运动会时要注意哪 7 项？

2. 在跳高、跳远时注意事项有哪些？

3. 投掷训练时要注意哪些问题?

4. 不宜参加体育运动的情况有哪些?

5. 参加跳高跳远时要注意哪些事项?

6. 体育课前学生穿着要做好哪些准备?

第六单元

体育运动中的安全预防

如何处理运动中腹痛

1. 在运动中发生腹部疼痛时，不单是运动性疾病的运动中腹痛，还有可能是内脏器质性病变及其他内科疾病发生，尤其是首先要考虑到急腹症发生的可能性，要迅速准确地做出鉴别，停止训练，送医院急救。

2. 腹痛在没有明确诊断前，不能服用止痛药，因为会掩盖病情造成误诊。

3. 一般运动过程中腹痛时，可适当减速，调整呼吸，并以手按压。如果用上述方法疼痛仍不减轻并有所加重时，即应停止运动，进行检查，找出原因，酌情处理。

4. 如属胃肠痉挛，可针刺、手刺和手指点揉内关、足三里、大肠俞、阳陵泉、承山等穴，亦可用阿托品 0.5 毫克即刻注射，或口服“十滴水”。如属腹直肌痉直肌痉挛，可做局部按摩和背伸动作，拉长腹部肌肉。

如何预防运动中腹痛

因腹内或腹外疾患所致的腹痛，以治疗原发性疾病为主，加强医务监督，定期做各项身体检查。慢性病，应坚持治疗。

锻炼要讲科学，运动量的增加应循序渐进，并应合理安排膳食，饭后 1 ~2 小时才可参加剧烈运动，不吃冷饮和难以消化的食物。

准备活动要做得充分、合理，要由一般的慢的身体练习开始，逐渐加大运动量和强度，直至把身体调节到与激烈运动相适应的程度，再进行专项练习或比赛。运动过程中应注意呼吸节奏，失水较多时应注意及时补充水和盐。

运动伤害的分类

一、急性伤害

是由一次内发性或外来性暴力所造成的组织破坏，受伤者往往记得是在某次练习或比赛中所发生的。

二、慢性伤害

是累积多次微小伤害所产生的结果，受伤者往往无法肯定在何时何地所发生的，但最后总会因症状严重到影响其运动能力而被发现。

踝关节损伤的预防

1. 重视踝关节周围肌肉力量和关节协调性训练，如负重提踵、跳绳、足尖走路等练习，使踝关节周围小肌肉群，韧带得到锻炼，增强踝关节的力量、协调、平衡和适应能力。

2. 应掌握正确的落地方法，在平时练习中要注意正确的动作要领。在平时走路过程中也有意识地控制踝的动作。这样可用潜意识支配踝关节活动范围。

3. 做好运动场地医学监督，培养良好的习惯，在运动前做好充分的准备活动及相应的辅助练习，减小关节韧带的黏滞性。

4. 加强自我保护意识，例如若腾空着地感到不稳，应快速地顺势缓冲，不要强行站立。

膝关节损伤的预防

1. 在平时训练、比赛前，充分做好准备活动，使膝关节运动灵活而协调，使体温上升，减小肌肉黏滞性，增加肌肉和韧带的伸展性，加大柔韧性。必要时，可佩戴护具，如护膝、绷带等。

2. 加强对膝关节功能锻炼。提高股四头肌肌力。如，负重静蹲或蹲起练习。

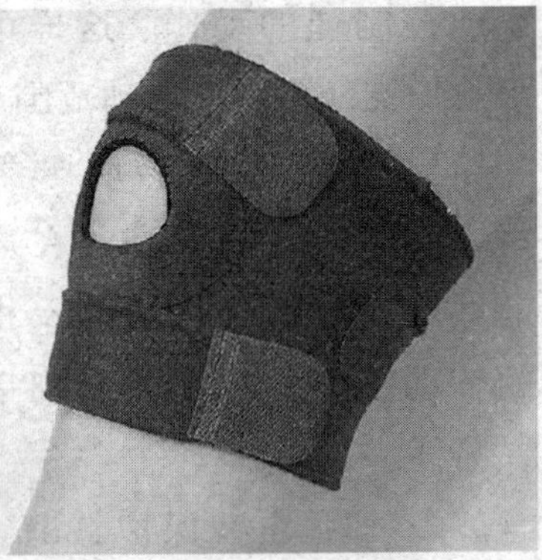

3. 合理安排运动量。要避免膝关节的局部负担过重，当持久训练出现动作反应迟钝时，应终止基本部分练习，预防因此造成动作不协调而致伤。

4. 培养大学生自我保护意识。注意提高他们身体平衡的自我感觉和自控能力，要防止粗野动作致伤。

5. 要做好运动场地的准备和医务监督，避免场地因素致伤。

怎样控制运动负荷

1. 为了达到全面锻炼学生身体的目的，在每学期开始前，总结上学期的经验，依据学生生理、心理发展规律，合理编写教学计划，尽量使学生在每一节课中得到全面的锻炼，切勿片面或集中练习。

2. 根据人体生理机能活动变化规律，符合学生的运动心律曲线，掌握课的过程与节奏，即从课的开始起，心率要逐渐上升，在课中后不出现高峰，然后逐渐下降。

3. 根据心脉每搏输出量和心输出量。

4. 教师及时了解学生身体状况，根据学生的身体状况进行指导，要遵循高质量轻负荷的原则，促进学生的身心健康，并掌握体育科学的技能、知识和方法。

5. 寻找合适的放松方法来提升恢复的速度。

足球课上怎样预防运动损伤

预防损伤的几个主要方法：

1. 热身运动：走、踏步、分并跳、伸展等，尽量将身体各关节活动开。

2. 护腕、护膝、护踝等是必要的。

3. 10%增加的原则，一周内不要增加频率、强度、持续时间过10%，循序渐进。

4. 保持有氧运动和无氧运动的锻炼均衡。同时参加一些力量和柔韧练习，防止受伤。

5. 运动前不要空腹，运动的前中后要饮足够的水。

6. 参加不同的训练，如：交叉训练锻炼不同的肌肉群。

7. 应学会摔倒时的各种自我保护方法，如落地时用适当的滚翻动作以缓冲外力等。

体育活动中事故处理准则

1. 如在体育活动中发生伤害事故，体育老师应当立即进行必要的救助，如有需要，应当立即派人送卫生室。情况紧急严重的，立即送医院。

2. 体育活动时，如发生伤害事故，在场教职员工应当立即通知受伤学生班主任及学校安委办。

3. 体育老师紧急处理情况时，要安排好其余学生，避免其余学生无人照管。

4. 在大型集体活动中，学生发生伤害事故，发现该种情况的第一人应当立即将情况告知学校安委办。

参加运动会的注意事项

运动会的竞赛项目多、持续时间长、运动强度大、参加人数多，安全问题十分重要。

1. 要遵守赛场纪律，服从调度指挥，这是确保安全的基本要求。

2. 没有比赛项目的人员不要在赛场中穿行、玩耍，要在指定的地点观看比赛，以免被投掷的铅球、标枪等击伤，也避免与参加比赛的人员相撞。

3. 参加比赛前做好准备活动，以使身体适应比赛。

4. 在临赛的等待时间里，要注意身体保暖，春秋季节应当在轻便的运动服外再穿上防寒外衣。

5. 临赛前不可吃得过饱或者过多饮水。临赛前半小时内，可以吃些巧克力，以增加热量。

6. 比赛结束后，不要立即停下来休息，要坚持做好放松活动，例如慢跑等，使心脏逐渐恢复平静。

7. 剧烈运动以后，不要马上大量饮水、吃冷饮，也不要立即洗冷水澡。

单元练习

一、填空题

1. 运动伤害的分类包括（　　）和（　　）。

2. 一般运动过程中腹痛时，可适当（　　），（　　），并以手按压。如果用上述方法疼痛仍不减轻并有所加重时，即应(　　)，进行检查，找出原因，酌情处理。

3. 在健身操锻炼中发生损伤的原因有（　　）、(　　)、(　　)、(　　)、(　　)。

4. 在平时训练、比赛前，充分做好（　　），使膝关节运动（　　），使体温上升，减小肌肉黏滞性，增加肌肉和韧带的伸展性，加大柔韧性。

二、问答题

1. 预防损伤的主要方法有哪几个?

2. 体育运动会应注意哪些安全事项?

3. 体育活动中发生伤害事故的处理办法有哪些?

4. 运动中如何预防踝关节的损伤?

5. 如何控制体育运动负荷?

6. 体育活动后应注意哪些安全?

第七单元
运动安全急救常识

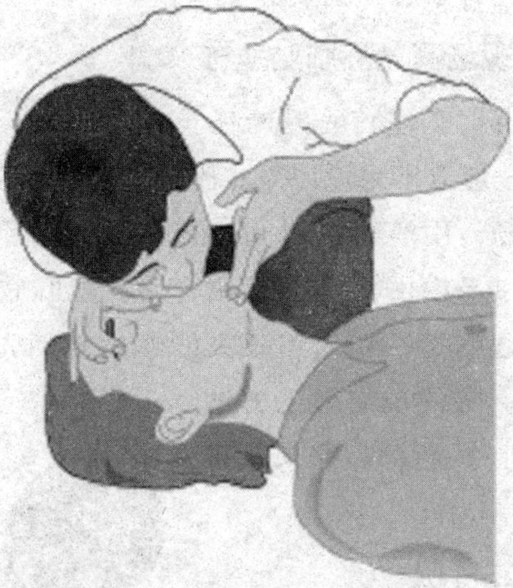

心肺脑复苏

心脏停搏意味着死亡的来临。然而因急性原因所致的心脏停搏在一定条件下是可逆的，为使心跳、呼吸恢复的抢救措施称为心肺复苏。近年来，人们发现心肺复苏成功的关键不仅是呼吸和心脏的恢复，其重要的是中枢神经系统功能的恢复，而且只有脑功能的正常恢复才能称为完全复苏，因此有了心肺脑复苏。

一、如何进行现场紧急心肺脑复苏

实施心肺脑复苏时，应首先判断伤员的呼吸和心跳情况，一旦确定呼吸、心跳停止，应立即采取以下步骤进行心肺脑复苏。

保持呼吸道通畅，用最短的时间，将伤员领口、领带、围巾等解开，迅速清除伤员口鼻内的污泥、土块、痰、呕吐物等异物，使呼吸道通畅。呼吸道的通畅是一切人工呼吸能够生效的先决条件，也是复苏工作后首要任务。最简单有效的方法是气道开放三步法：头后仰、张口、推下颌。

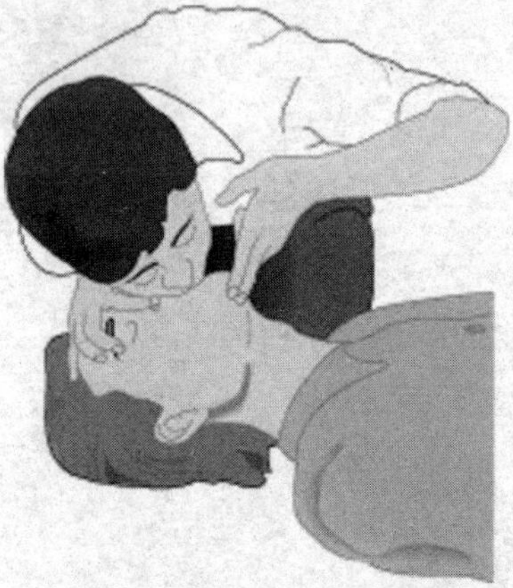

二、口对口人工呼吸

口对口人工呼吸的主要步骤如下：

1．应先保持伤员的呼吸道通畅，一手压迫于伤员前额保持头部后仰，同时以拇指和食指将伤员的鼻孔捏闭，另一只手托下颌。

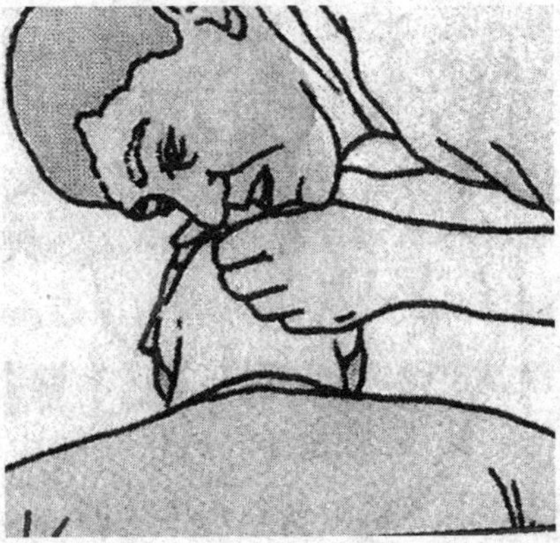

2. 将伤员的口张开，急救者深吸一口气，吸毕对准伤员口部用力吹入。

3. 看伤员胸部起伏方为有效。

4. 脱离伤员口部，放松捏鼻孔的拇指、食指，看胸廓复原。

5. 感到伤员口鼻部有气呼出。

6. 连续吹气两次，使伤员肺部充分换气。

三、心脏复苏

判定心跳是否停止，可摸伤员的颈动脉有无搏动，如无搏动，立即进行胸外心脏按压。实施胸外心脏按压时，伤员必须平卧，必要时还可将下肢抬高，以增加回心血量。伤员背部必须有坚实的地面或其他物体支持。主要步骤如下：

1. 急救者用一只手的掌根部按在伤员胸骨中下1/3段交界处。另一只手压在该手的手背上，双手手指均应向上方翘起，不能平压在胸壁。

2. 双肘关节伸直，利用体重和肩臂力量垂直向下挤压，使胸骨下陷4厘米左右。

3. 略停顿后在原位放松，但手掌根部不能离开心脏定位点。

4. 连续进行15次心脏按压。

5. 再口对口吹气两次后按压心脏15次，如此反复。急救不能替代专业医生的治疗，一定要及时呼叫120或送伤者去医院。

四、进行人工呼吸时的注意事项

1. 人工呼吸一定要在气道开放的情况下进行。

2. 向伤员肺内吹气不能太急太多，仅需胸廓隆起即可，吹气量不能过大，以免引起胃扩张。

3. 吹气时间视吹气效果及具体情况而定。

五、心脏复苏注意事项

1. 防治并发症。复苏并发症有急性胃扩张、肋骨或胸骨骨折。肋骨软骨分离、气胸、血胸、肺损伤、肝破裂、冠状动脉刺破（心脏内注射时）、心包压塞、胃内返流物误吸或吸入性肺炎等，故要求判断准确，监测严密，处理及时，操作正规。

2. 心脏按压与放松时间比例和按压频率。试验研究证明，当心脏按压及放松时间各占1/2时，心脏射血最多，获最大血流动力学效应。而且按压频率由60～80次/分增加到80～100次/分时，可使血压短期上升60～70mmHg，有利于心脏复跳。

3. 心脏按压用力要均匀，不可过猛。按压和放松所需时间相等。

（1）每次按压后必须完全解除压力，胸部回到正常位置；

（2）心脏按压节律、频率不可忽快忽慢，保持正确的挤压位置；

（3）心脏按压时，观察伤员反应及面色的改变。

六、心肺脑复苏有效有哪些表现

1. 颈动脉搏动。心脏按压有效时，可随每次按压触及一次颈动脉搏动，测血压为5.3/8kPa（40/60mmHg）以上，提示心脏按压方法正确。若停止挤压，脉搏仍然搏动，说明病人自主心跳已恢复。

2. 面色转红润。复苏有效时，病人面色、口唇、皮肤颜色由苍白或紫转为红润。

3. 意识渐恢复。复苏有效时，病人昏迷变浅，眼球活动，出现挣扎，或给予强刺激后出现保护性反射活动，甚至手足开始活动，肌张力增强。

4. 出现自主呼吸。应注意观察，有时很微弱的自主呼吸不足以满足肌体供氧需要，如果不进行人工呼吸，则很快又停止呼吸。

5. 瞳孔变小。复苏有效时，扩大的瞳孔变小，并出现对光反射。做心肺脑复苏时，必须经常观察瞳孔，瞳孔缩小是治疗有效的最有价值而又十分灵敏的征象。如果扩大的瞳孔通过复苏仍未缩小，通常说明复苏无效。

某日下午4时40分，某小学学生李某等3个同学，像往日一样结伴而行。走着走着，李某的书包不慎甩落到距公路5米多高的电厂水库边。李某到坡下去捡书包时，不小心脚下一滑，落入10米多深的水库中。听到“救命”喊声，附近群众赶来将李某捞起。此时，年仅8岁的李某已落水近10分钟，脸青面黑，不省人事，没了呼吸和脉搏，无论大家怎么拍打，都没一点反应。

正在此时，刚下班回家的信用社主任胡某骑摩托车从这里经过，急忙跳下车来，一边指挥大家为小孩进行“倒水”，一边俯身为李某做人工呼吸。过了10分钟，李某的脸色开始有所转变，并有了微弱的心跳和脉搏。胡某一边打电话给最近的村医生，一边驾起自己的摩托车将李某送往镇卫生院。经过医生的紧急抢救，8岁的李某终于战胜了死神，平安脱险。

一般认为，心跳、呼吸均停止6分钟以上为临床死亡，不过如果对心搏骤停的人及时采用心肺脑复苏，就有机会挽回其生命。

止 血

外伤出血分为内出血和外出血。内出血主要到医院救治，外出血是现场急救重点。

现场止血方法有哪些?

现场止血方法常用的有五种，使用时要根据具体情况，选择其中的一种，也可以把几种止血法结合应用，以达到最快、最有效、最安全的止血目的。

一、指压动脉止血法

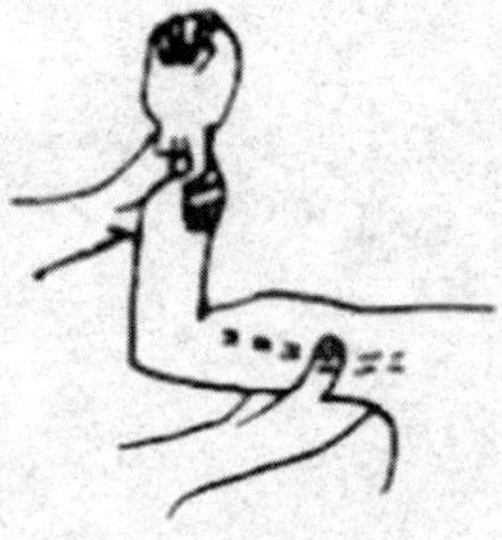

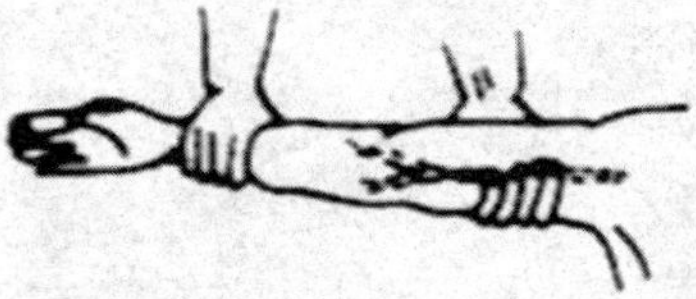

适用于头部和四肢某些部位的大出血。方法是：用手指压迫伤口近心端动脉，将动脉压向深部的骨头，阻断血液流通。这是一种不要任何器械，简便、有效的止血方法，但因为止血时间短暂，常需要与其他方法结合进行。

1．头面部指压动脉止血法。

（1）指压颞浅动脉，适用于一侧头顶、额部的外伤大出血。在伤侧耳前，用一只手的拇指对准下颌关节压迫颞浅动脉，另一只手固定伤员头部。

（2）指压面动脉，适用于面部外伤大出血。用一只手的拇指和食指或拇指和中指分别压迫双侧下颌角前约1厘米的凹陷处，阻断面动脉血流。因为面动脉在面部有许多小支相互吻合，所以必须压迫双侧。

（3）指压耳后动脉，适用于一侧耳后外伤大出血。用一只手的拇指压迫受伤一侧耳后凹陷处，阻断耳后动脉血流，另一只手固定伤员头部。

（4）指压枕动脉，适用于一侧头后枕骨附近外伤大出血。用一只手的四指压迫耳后与枕骨粗隆之间的凹陷处，阻断枕动脉的血流，另一只手固定伤员头部。

2. 四肢指压动脉止血法。

（1）指压肱动脉，适用于一侧肘关节以下部位的外伤大出血。用一只手的拇指压迫上臂中段内侧，阻断肱动脉血流，另一只手固定伤员手臂。

（2）指压桡、尺动脉，适用于手部大出血。手指分别压迫伤侧手腕两侧的桡动脉和尺动脉，阻断血流。因为桡动脉和尺动脉在手掌部有广泛的合支，所以必须同时压迫双侧。

（3）指压指（趾）动脉，适用于手指（脚趾）大出血。用拇指和食指分别压迫手指（脚趾）两侧的指（趾）动脉，阻断血流。

（4）指压股动脉，适用于一侧下肢的大出血。用两手的拇指用力压迫伤肢腹股沟中点稍下方的股动脉，阻断股动脉血流。伤员应该处于坐位或卧位。

（5）指压足背、胫后动脉，适用于一侧脚的大出血。用两手的拇指和食指分别压迫伤脚足背中部搏动的足背动脉及足跟与内踝之间的胫后动脉。

二、直接压迫止血法

适用于较小伤口的出血。方法是：用无菌纱布直接压迫伤口处，压迫约10分钟。

三、加压包止血法

适用于各种伤口。方法是：先用无菌纱布覆盖压迫伤口，再用三角巾或绷带用力包扎，包扎范围应该比伤口稍大。这是一种目前最常用的止血方法，在没有无菌纱布时，可使用消毒卫生巾或餐巾等代替。

四、填塞止血法

适用于较大而深的伤口。方法是：先用镊子夹住无菌纱布塞入伤口内，如一块纱布止不住出血，可再加纱布，最后用绷带或三角巾绕至对侧包扎固定。

五、止血带止血法

止血带止血法适用于四肢大出血，其他止血法不能止血时才用此法。止血带有橡皮止血带（橡皮条和橡皮带）、气性止血带（如血压计袖带）和布制止血带。其操作方法各不相同。

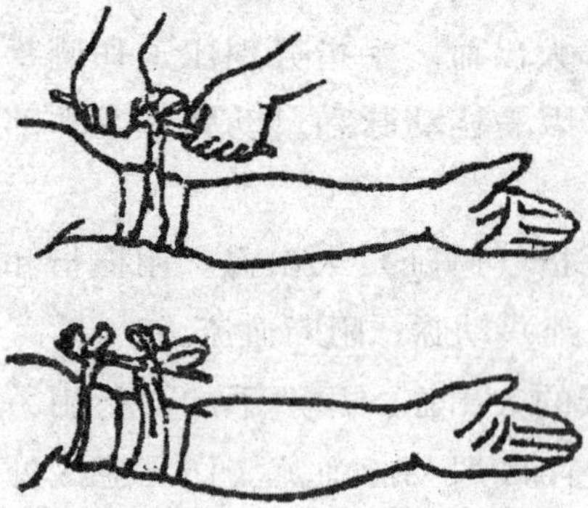

1. 橡皮止血带。左手在离带端约10厘米处由拇指、食指和中指紧握，使手背向下放在扎止血带的部位，右手持带中段绕伤肢一圈半，然后把止血带塞入左手的食指与中指之间，左手的食指与中指紧夹一段止血带向下牵拉，使之成为一个活结。

2. 气性止血带。常使用血压计袖带，操作方法比较简单，只要把袖带绕在扎止血带的部位，然后打气至伤口停止出血。

（1）部位。上臂外伤大出血应扎在上臂上1/3处；前臂或手大出血应扎在上臂下处，不能扎在上臂中1/3处，因该处神经走行贴近肱骨，易被损伤；下肢外伤大出血应扎在股骨中下1/3交界处。

（2）衬垫。使用止血带的部位应该有衬垫，否则会损伤皮肤。止血带可扎在衣服外面，把衣服当衬垫。

（3）松紧度。应以出血停止、远端摸不到脉搏为宜。过松达不到止血目的，过紧会损伤组织。

（4）时间。一般不应超过 5 小时，原则上每小时要放松 1 次，放松时间为 10 ~ 15 分钟。

（5）标记使用。使用止血带者应有明显标记，可贴在前额或胸前易发现部位，写明时间。如立即送往医院，可以不写标记。

3．布制止血带。将三角巾折成带状或将其他布带绕伤肢一圈，打个蝴蝶结；取一根小棒穿在布带圈内，提起小棒拉紧，将小棒依顺时针方向绞紧，将绞棒一端插入蝴蝶结环内，最后拉紧活结，并与另一头打结固定。

不要长时间用绷带结扎，应每隔 1 小时左右放松 10 ~ 15 分钟，以防通端肢体缺血坏死。

2006 年 12 月 20 日下午，一名 30 多岁的女子搭乘一辆出租车。细心的出租车司机王师傅突然发现，女乘客双手腕部各有一道利器割伤的伤口，鲜血直流。见状，他一边用手压住伤口帮该女子止血，一边迅速报警。

公安人员接到报案后，迅速通知了 120 急救中心。120 急救医生赶到现场后，迅速冲上去救治。经医生检查发现，女子双手腕部伤口长3 ~ 5 厘米，伴有活动性出血。幸运的是，由于止血及时，该女子没有生命危险。

掌握简单的止血技术，不仅对自己有利，而且也能够帮助他人。

骨折及固定

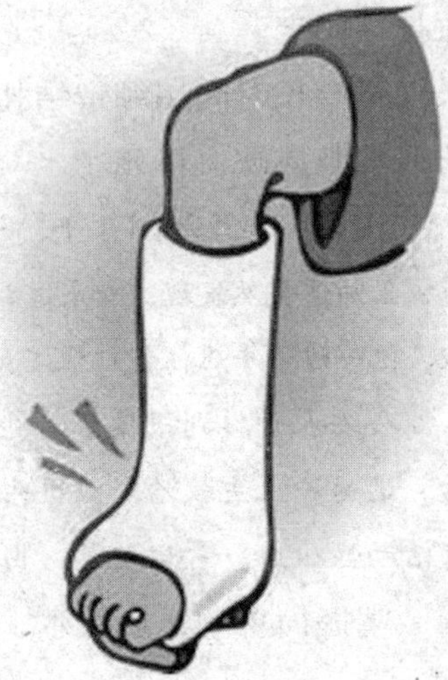

一、如何判断骨折

看受伤部位的外形有没有变化，多数（不是所有）骨折受伤部位的外形都有改变。

1. 头骨碎裂，尤其受到重物打击，头骨会出现凹陷，这是“颅骨凹陷性骨折”。如凹陷很厉害，还会压迫大脑，使脑损伤。

2. 四肢骨折，断骨分离，还发生错位，会发现伤肢缩短（伤肢比健肢短）、弯曲，甚至折成一个角度。

骨头折断一定会痛，伤处还会肿起，但要注意伤处不能动，移动后会引发剧痛。病人自己一动断骨，会感觉出一种断骨之间互相摩擦的声音（医生称它为“骨擦音”），这也是骨折所特有的征象。

二、骨折急救有哪些要点

1. 处理伤口。

（1）对于出血伤口或大面积软组织撕裂伤，应立即用急救包、绷带或清洁布等予以压迫包扎，绝大多数可达到止血的目的。有条件者，在包扎前先用双氧水和凉开水清洗伤口，再用酒精消毒，作初期清创处理。

(2) 对伤口处外露的骨折断端、肌肉等组织，切忌把它们送回伤口内，因为已被污染，会将细菌和异物带进伤口深部而引起化脓性感染。如有条件，可用消毒液冲洗伤口后，再用无菌敷料或干净布暂时包扎，送到医院后再作进一步处理。

(3) 骨折部位随着时间的推移会越来越肿，即使起初包扎得很好，也会变得不舒服，所以每隔30分钟要重新包扎一次。

2. 固定断骨。

及时正确地固定断骨，可减少伤者的疼痛及周围组织的继发损伤，同时也便于伤者的搬运和转送。

(1) 固定断骨的工具可就地取材，如棍、树枝、木板、拐杖、硬纸板等都可作为固定器材，但其长短要以固定住骨折处上下两个关节或不使断骨处错动为准。

(2) 如一时找不到固定的硬物，也可用布带直接将伤肢绑在身上。

3. 适当止痛。

骨折会使人疼痛难忍，特别是有多处骨折，容易导致伤者发生疼痛性休克，因此，可以给伤者口服止痛片等止痛处理。

4. 安全转运。

经过现场紧急处理后，应将伤者迅速、安全地转运到医院进一步救治。

(1) 转运伤者过程中，要注意动作轻稳，防止震动和碰撞伤处，以减少伤者的疼痛。同时还要注意伤者的保暖和适当的体位，昏迷伤者要保持呼吸道畅通。

(2) 抬运伤者时，要多人同时缓缓用力平托；运送时，必须用木板或硬材料，不能用布担架或绳床。木板上可垫棉被，但不能用枕头，颈椎骨折伤者的头必须放正，两旁用沙袋将头夹住，不能让头随便晃动。

(3) 脊柱骨折或颈部骨折时，除非是特殊情况（如室内失火），否则应让伤者留在原地，等待携有医疗器材的医护人员来搬动，不要随便搬动骨折患者。如果病人的意识已经丧失，最基本的处理是保证呼吸道通畅；若没有呼吸应进行人工呼吸。

三、上肢骨折如何急救

上臂、前臂和手处的骨折，都属上肢骨折。

（1）用一块夹板，捆绑住上臂。请注意手的姿势，应该贴胸放置，比较自然。

（2）用大三角巾把手臂兜住，使伤肢悬吊在颈部。

（3）再用另一块三角巾，把上臂和身子固定在一起。

1. 上臂骨折：上臂只有一根骨头，名叫“肱骨”。人在跌倒时手或肘着地，重力直接冲击在上臂上面，或者人在投掷时用力过大过猛，都有可能使肱骨承受不了，发生断裂。

（1）判断方法：

①上臂肿、痛，出现畸形。

②病人不敢活动上臂。

③按伤处，马上引起疼痛。

（2）急救措施：

①边牵引，边放好伤肢的位置。

牵引的做法是：一手握住前臂近肘弯处，另一手握住患者的手腕。握前臂的一手，慢慢地用力，往下的方向拉（假如病人站着）。拉时，必须顺着伤肢原来的位置成一条直线，切不可猛然拉动。握住病人手腕的一手，要逐渐把前臂一点点地弯曲，使患者的前臂弯成直角（于是前臂就垂直于上臂），并使上臂渐渐向身体靠拢，病人伤肢手心紧贴胸壁。这样做，伤肢不会痛，且能放在合适的位置上（医生称这种姿势为“功能位”）。固定包扎时，要一直保持这种姿势。

②用夹板固定伤肢。

用两块夹板把伤肢夹在中间，使伤肢不能活动。夹板最好有长短多种，按病人上臂长度来选用。为了贴住伤处不痛，每块夹板贴住伤肢的一面，最好放上棉花垫或旧布块（紧急时，干毛巾也可以），外用绷带或布条缠好。没有夹板，树枝、木棍、雨伞等都可代用。

用于肱骨骨折的夹板，应一长一短（宽约 8 厘米，一块长约 46 厘米；另一块稍短些，从腋窝到肘弯的长度即可）。在短的一块夹板顶上裹一块棉花垫或毛巾，夹在腋窝内，顶住腋窝；另一头在肘弯之上，板面贴住上臂的内面。长的一块贴在伤肢外面。再用两块三角巾折叠成条，将两板缚住，结头朝外。另找一块三角巾（布条、绳子都可代用），兜住前臂，吊在颈项上。手掌应贴胸，比肘高 7 厘米左右较好。为了避免伤肢随便移动，再找一块三角巾，把伤肢和胸壁一起捆住，接头打在腋窝前面。

2. 前臂骨折：发生前臂骨折，多因受到外力的直接冲击，或跌倒时手掌着地引起。

（1）判断方法：前臂不能活动，又肿又痛；如果断骨错位，还能出现小胳臂扭转、折成角度等畸形。

（2）急救方法。

①牵引：一手握住病人的上臂，顺着前臂的方向往上拉；另一手拉住病人的手，也顶着前臂的方向向下拉。拉时要缓慢而轻，逐渐加力，使两头断骨离开。前臂伸直之后可以固定。

②夹板固定：用宽约 8 厘米，长约 46 厘米的两块薄木片，两板各裹上棉花（同上臂骨折相同）。一块放在前臂的手心面，一块夹在前臂手背面，两块夹板把整个前臂夹住（包括手在内），两块三角巾折成宽条（或用布条），把夹板捆住。接着一手捏住上臂，另一手握住两块夹板，轻轻将前臂放平（即肘弯弯曲），手心贴胸，手应略高于肘。用宽三角巾把前臂悬挂在颈项上。

如果一时找不到木片，可用书报代替。找几张报纸或几本杂志，用这些书或报围住前臂，一头从肘弯以内起，另一头包到手指，用三角巾把它捆好，再用大三角巾把前臂悬吊在颈上（手心朝胸）。注意点和用夹板固定法相同。运送和上臂骨折相同。

①将大卷书报叠在一起；

②书报卷裹住伤肢；

③用布条或手帕捆住；

④再用大三角巾兜住整条胳臂。

3．手腕骨折：常见的腕部骨折从侧面看，整个手腕不是平直的，成锅铲状畸形；此外，还有肿、痛，腕关节不能活动。牵引和固定的方法，和前臂骨折相同。

手指骨折：容易出现畸形和畸状活动；稍一移动伤指，可以听到“骨擦音”，并伴有肿痛。

急救方法：

①牵引：一手握腕，不动；另一手捏住伤指远端，顺着手指方向轻轻拉开。然后找干净棉花或柔软布块，揉成拳头大小的一团（用纸团也可以），外面包上一块干净布片，让伤指轻轻握住，将伤手用绷带包扎起来。

②固定：以三角巾兜住前臂，悬吊在颈项上。但要注意手心朝地，伤手高于肘。

四、下肢骨折如何急救

1．大腿骨折：大腿骨，医生叫它股骨。跌伤、暴力打击或者受车辆撞击等，都可引起股骨骨折。

（1）判断方法：

①下肢不能活动。

②骨折的地方很痛，一动就会疼痛难忍。

③可能出现畸形，折成一个角度，腿往外扭转。

④伤肢比健肢短。

⑤有时还可能有伤口，称开放性骨折。

⑥重伤病人可同时有休克出现。

（2）急救方法：

①牵引方法：一手先托住伤腿足跟；另一手拉住足背，顺着大腿方向（这是指病人仰卧时的方向）牵拉伤腿，用力要大，但须缓慢，一点点地加力，要移动它，双手托住伤肢的脚脖和脚背，用力拉向自己。

如果要提起伤腿，除了一人牵引，还需要有一人在大腿下面和小腿肚处托住，然后再提起。

②夹板固定：先将伤腿伸直，和健肢并拢，两肢碰在一起。用4～7块三角巾（叠成宽条）或宽布条（围巾、毛巾也可以），一条放在心口处，一条放在大腿根，一条放在膝盖，一条在小腿。三角巾都要摊平，压在身子下面，两头在身子两旁外露。

找两块窄长木板条（一块较短）。每块木板的一头用棉花垫（毛巾或叠好的布块）包住。长的一块塞入腋窝，短的一块塞入胯下。两块木板，正好夹住大腿的内外两面。如没有两块木板，有长的一块也可，但需多一块三角巾，把双足捆绑在一起。

用几块棉花垫，塞在肢体旁和脚脖处，以免突出的骨块相碰产生疼痛。接着，分别给每块三角巾的两头打结，固定夹板。

③搬运方法：找三个人，并排单腿跪地，跪在病人同一边的身旁。一人托头和上背；一人托腰和臀部；一人托住大腿和小腿。一起起立，一起放下，将病人仰放在担架上，然后抬送至医院。

2. 小腿骨折：外力打击或从高处跌下时脚着地，或者脚着地后猛力一扭，都能引起小腿骨折。

（1）判断方法：

①脚往外扭。

②受伤后的小腿比没受伤的小腿短。

③伤处肿、痛，不能活动。

（2）急救要点：

①牵引方法：和大腿骨折相同。

②夹板固定的做法：找一块长木板条，一面垫上棉花或衣服，外缠布条，用来贴在伤腿的外方或下方，夹板的一头放到大腿上部，另一头放到足跟。用4条三角巾分别放在大腿，膝盖上、下方，脚脖子上方，连腿带夹板一齐扎紧，注意固定带放置的位置，一条在脚脖，另在膝关节的上下各一条，再在大腿根处放一条，一共4条。夹板外面要用布块或软毯裹住。

如用两块夹板，夹住伤肢的内外两面（板和腿之间一定要垫好棉片或布块），这样，更牢靠，更结实。

③运送：病人应该仰卧在担架上，运送至医院。

五、脊柱骨折如何急救

由于脊椎管内有脊髓，如有损伤常会引起截瘫。

（1）判断方法：

①从高空摔下，臀或四肢先着地。

②重物从高空直接砸压在头或肩部。

③暴力直接冲击在脊柱上。

④正处于弯腰弓背时受到挤压。

⑤背腰部的脊椎有压痛、肿胀、畸形。

⑥双下肢麻木，活动无力。

（2）急救方法：

①如伤者被瓦砾、土块等压住时，不要硬拉强拽暴露在外面的肢体，以防加重血管、脊髓、骨折的损伤。立即将压在伤者身上的东西搬掉。

②颈椎骨折要用衣物、枕头挤在头两侧，使其固定不乱动。

③如胸腰脊柱骨折，应使伤者平卧在硬板床上，身体两侧用枕头、砖头、衣物塞紧，固定脊柱为正；搬运时需3人同时工作，具体做法

是：3 人都蹲在伤者的面前，一人托肩背，一人托腰臀，一人托下肢，协同动作，将病人仰卧位放在硬板担架上。腰部用衣褥垫起。

④身体创口部分进行包扎，冲洗创口，止血包扎。完全或不完全骨折损伤均在现场做好固定且防止并发症，特别要以最快方式送往医院，在途中应严密观察。

六、肋骨骨折如何急救

（1）观察：

①神志是否清楚，口鼻内有无血、泥、痰等异物堵塞。

②前后胸有无破口。

③有没有呼吸困难。

④是否有血胸和气胸。

（2）判断方法：

①单纯骨折。只有肋骨骨折，胸部无伤口，局部有疼痛，呼吸急促，皮肤有血肿。

②多发性骨折。多发性肋骨骨折，吸气时胸廓下陷，胸部多有创口，剧痛，呼吸困难。这种骨折常并发血胸和气胸，抢救不及时会很快死亡。

（3）急救方法：

①单纯肋骨骨折，急救应做的处理是：固定胸部。准备宽约七八厘米，长约病人胸围3/4 的橡皮膏三四条。请病人尽量呼气憋住。急救者迅速将橡皮膏从下胸粘起，将一条橡皮膏从健侧（即非骨折的一边）后背肩胛骨下方粘住一头，将橡皮膏拉紧，顺着胸廓转到健侧乳头附近。这时，可让病人呼吸几口气，再次尽力呼气后憋住，将一条橡皮膏自下往上地粘贴，下一条橡皮膏应压住上一条橡皮膏两三厘米。

②多发性骨折用宽布或宽胶布围绕胸腔半径固定住即可，防止再受伤害，并速请医生处理。

③有条件时吸氧。

④遇气胸时，急救处理后速送医院。

2003 年 12 月 11 日，两辆汽车在高速公路相撞，造成 5 人受伤。一位路过的医生见状，立刻打了报警电话，并对伤员采取了必要的现场急救措施。其中一名伤员下肢骨折，必须用夹板固定，但是当时又找不到材料，情急之下，这位医生找来一块汽车上被撞掉的硬质残片作为夹板，对伤员进行了急救处理。

伤口的包扎

包扎的目的是保护伤口、减少污染、固定敷料和帮助止血。无论何种包扎法，均要求包好后固定不移动和松紧适度，并尽量注意无菌操作。

用绷带如何对伤口进行包扎?

一、环形包扎法

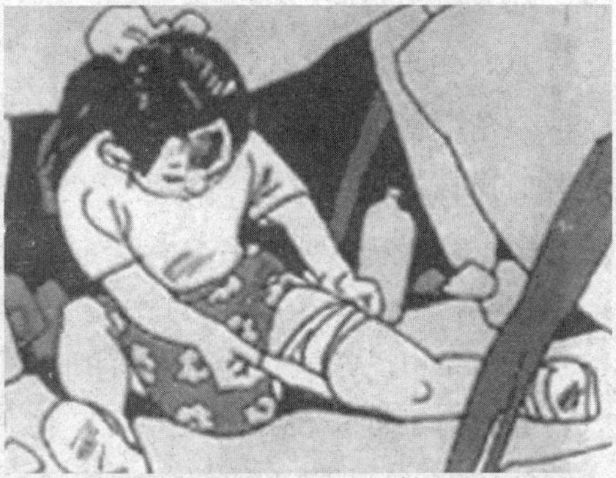

绷带卷放在需要包扎位置稍上方，第一圈作稍斜缠绕，第二、三圈做环行缠绕，并将第一圈斜出的绷带角压于环行圈内，然后重复缠绕，最后在绷带尾端撕开，打结固定或用别针、胶布将尾部固定。

二、螺旋形包扎法

先环行包扎数圈，然后将绷带渐渐地斜旋上升缠绕，每圈盖过前圈的1/3～2/3，呈螺旋状。

三、螺旋反折包扎法

先做两圈环行固定，再做螺旋形包扎，待到渐粗处，一手拇指按住绷带上面，另一手将绷带自此点反折向下，此时绷带上缘变成下缘，后圈覆盖前圈1/3～2/3。此法主要用于粗细不等的四肢（如前臂、小腿或大腿等）受伤包扎。

四、头顶双绷带包扎法

将两条绷带连在一起，打结处包在头后部，分别经耳上向前于额部中央交叉。然后，第一条绷带经头顶到枕部，第二条绷带反折绕回到枕部，并压住第一条绷带。第一条绷带再从枕部经头顶到额部，第二条则从枕部绕到额部，又将第一条压住。如此来回缠绕，形成帽状。

五、8字形包扎法

适用于四肢各关节处的包扎。于关节上下将绷带一圈向上、一圈向下作8字形来回缠绕，例如锁骨骨折的包扎。另外，目前已经有一种锁骨固定带，可直接应用。包扎前，首先做简单清创，并覆盖无菌纱布，然后再用绷带包扎。

六、用三角巾对伤口进行包扎

三角巾制作简单、方便，分为普通三角巾和带式、燕尾式三角巾，包扎时操作简捷，且几乎能适应全身各个部位。目前军用的急救包，体积小（仅一块普通肥皂大小），能防水。

（1）三角巾的头面部包扎法：

①三角巾风帽式包扎法。适用于包扎头顶部和两侧面、枕部的外伤。先将消毒纱布覆盖在伤口上，将三角巾顶角打结放在前额正中，在底边的中点打结放在枕部，然后两手拉住两底角向下颌包住并交叉，再绕到颈后的枕部打结。

②三角巾帽式包扎法。先用无菌纱布覆盖伤口，然后把三角巾底边的正中点放在伤员眉间上部，顶角经头顶拉到脑后枕部，再将两底角在枕部交叉返回到额部中央打结，最后拉紧顶角并反折塞在枕部交叉处。

③三角巾面具式包扎法。适用于面部较大范围的伤口，如面部烧

伤或较广泛的软组织损伤。方法是把三角巾一折为二，顶角打结放在头顶正中，两手拉住底角罩住面部，然后两底角拉向枕部交叉，最后在前颌部打结。在眼、鼻和口处提起三角巾剪成小孔。

④单眼三角巾包扎法。将三角巾折成带状，其上 1/3 处盖住伤眼，下 2/3 从耳下端绕经枕部向健侧耳上额部并压上上端带巾，再绕经伤侧耳上，枕部至健侧耳上与带巾另一端在健耳上打结固定。

⑤双眼三角中包扎法。将无菌纱布覆盖在伤口上，用带形三角巾从头后部拉向前从眼部交叉，再绕向枕下部打结固定。

⑥下颌、耳部、前额或颈部小范围伤口三角巾包扎法。先将无菌纱布覆盖在伤部。将带形三角巾放在下颌处，两手持带巾两底角经双耳分别向上提，长的一端绕头顶与短的一端在额部交叉，然后将短端经枕部、对侧耳上至颞侧与长端打结固定。

（2）上肢三角巾包扎法。

先将三角巾平铺于伤员胸前，顶角对着肘关节稍外侧，与肘部平行，屈曲伤肢，并压住三角巾，然后将三角巾下端提起，两端绕到颈后打结。顶角反折用别针扣住。

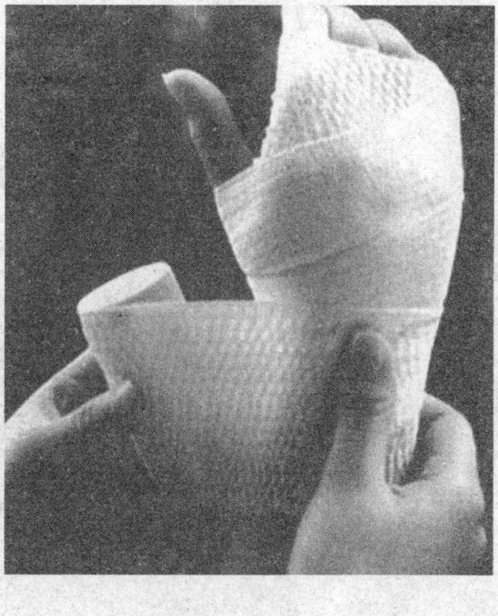

肩部三角巾包扎法。先将三角巾放在伤侧肩上，顶角朝下，两底角拉至对侧腋下打结，然后急救者一手持三角巾底边中点，另一手持顶角，将三角巾提起拉紧，再将三角巾底边中点由前向下、向肩后包绕，最后顶角与三角巾底边中点于腋窝处打结固定。

腋窝三角巾包扎法。先在伤侧腋窝下垫上消毒纱布，带巾中间压住敷料，并将带巾两端向上提，于肩部交叉，并经胸背部斜向对侧腋下打结。

①下腹及会阴部三角巾包扎法。将三角巾底边包绕腰部打结，顶角兜住会阴部在臀部打结固定。或将两条三角巾顶角打结，连接结放在病人腰部正中，上面两端围腰打结，下面两端分别缠绕两大腿根部并与相对底边打结。

②残肢三角巾包扎法。残肢先用无菌纱布包裹，将三角巾铺平，残肢放在三角巾上，使其对着顶角，并将顶角反折覆盖残肢，再将三角巾底角交叉，绕肢打结。

不要马虎包扎小而深的伤口，否则会使伤口缺氧，导致破伤风杆菌等厌氧菌生长。应清创消毒后再包扎，并到医院注射防感染药品。

张宇是一个登山爱好者，但在一次户外探险中发生意外，差点丧命。当时，他在爬山时不慎踩到一块松动的石头，滚到了半山腰，左手臂动弹不得，他心想："坏了，可能是骨折了。"于是急忙用手机报警。在救援人员没有到来之前，为了减轻疼痛，张宇用毛巾将受伤的手臂包扎起来。半个多小时后，救援人员赶来将其送往医院。由于包扎及时，没有造成严重的伤害。

伤员的搬运

搬运伤（病）员的方法是院外急救的重要技术之一。搬动的目的是使伤（病）员迅速脱离危险地带，纠正当时影响伤（病）员的病态体位，减少痛苦，减少再受伤害，安全迅速地送往理想的医院治疗，以免造成伤员残废。搬运伤（病）员的方法，应根据当地、当时的器材和人力而选定。

如何对伤员进行搬运？

一、单人搬运法

适用于伤势比较轻的伤（病）员，采取背、抱或挟持等方法。

二、双人搬运法

一人搬托双下肢，一人搬托腰部。在不影响病伤的情况下，还可用椅式、轿式和拉车式。

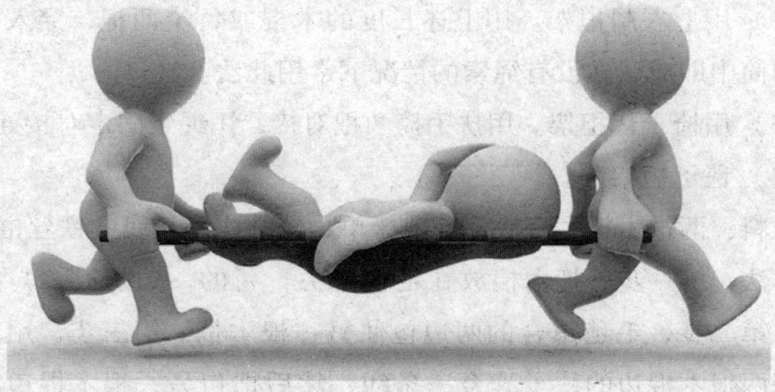

不要让昏迷病人仰卧，应使其侧卧，防止口腔分泌物或呕吐物吸入呼吸道引起窒息；不能给昏迷病人进食、进水。

三、三人搬运法

对疑有胸、腰椎骨折的伤者，应由3人配合搬运。一人托住肩部，一人托住臀部和腰部，另一人托住两下肢，3人同时把伤员轻轻抬放到硬板担架上。

四、多人搬运法

对脊椎受伤的患者向担架上搬动时，应由4~6人一起搬动，2人专门负责头部的牵引固定，使头部始终保持与躯干成直线的位置，保持颈部不动。另2人托住臂背，2人托住下肢，协调地将伤者平直放到担架上，并在颈、腋窝放一只小枕头，头部两侧用软垫或沙袋固定。

不要随意搬动脑出血病人。应使其平卧，抬高头部，并马上叫救护车。

五、担架搬运

在没有现成的担架而又需要担架搬运伤（病）员时，需要自制担架。

（1）用木棍制担架。用两根长约7尺的木棍，或两根长约6~7尺的竹竿绑成梯子形，中间用绳索来回绑在两长棍之中即成。

（2）用上衣制担架。用上述长度的木棍或竹竿两根，穿入两件上衣的袖筒中即成，在没有绳索的情况下常用此法。

（3）用椅子代担架。用扶手椅两把对接，用绳索固定对接处即成。

（4）毯子担架法。

材料：两根木棍、一块毛毯或床单、较结实的长线（铁丝也可）。

方法：第一步，把木棍放在毛毯中央，毯的一边折叠，与另一边重合。第二步，毛毯重合的两边包住另一根木棍。第三步，用穿好线的针把两根木棍边的毯子缝合一条线，然后把包另一根木棍边的毯子两边也缝上，制作即成。

不要让心源性哮喘病人平卧。因为平卧会增加肺脏淤血及心脏负担，使气喘加重，危及生命。应取半卧位，使下肢下垂。

六、车辆搬运

车辆搬运受气候影响小，速度快，能及时送到医院抢救，尤其适合较长距离运送。轻者可坐在车上，重者可躺在车里的担架上。重伤患者最好用救护车转送，缺少救护车的地方，可用汽车送。上车后，胸部伤员取半卧位，一般伤者取仰卧位，颅脑伤者应使头偏向一侧。

运送患者时，应随时观察呼吸、体温、出血、面色变化等情况，注意患者姿势，给患者保暖。

2007 年 3 月，某县境内发生车祸，司机被夹在驾驶室内，当时几位过路人拽着司机的腿把司机硬从座位上拽出来。由于当时司机双腿骨折，在生拉硬拽中，司机被痛昏过去。当 120 到达后，伤者已处于休克状态，非常危险。

错误的搬运可能会使伤员在搬运途中伤情加重，甚至失去生命。掌握正确的搬运方法，才能在急救中保证伤者的安全，从而达到有效的救治目的。

单元练习

一、填空题

1. 心肺脑复苏有效有（　　）、（　　）、（　　）、（　　）、（　　）。

2. 心脏停搏意味着死亡的来临。然而因急性原因所致的心脏停搏在一定条件下是可逆的，为使（　　）、（　　）恢复的抢救措施称为心肺复苏。

3. 呼吸道的通畅是一切人工呼吸能够生效的先决条件，也是复苏工作后首要任务，最简单有效的方法是气道开放三步法：（　　）、（　　）、（　　）。

二、问答题

1. 进行人工呼吸时的注意事项有哪些？

2. 心脏复苏注意事项有哪些？

3. 是否骨折的判断方法有哪三项？

第八单元

学校体育运动安全

开展体育运动的重要因素

学校体育是加强学生爱国主义和集体主义教育、磨炼坚强意志、培养良好品德的重要途径，对青少年品德陶冶、智力发展、审美素养的形成以及学生体质的增强和国民健康素质的提升有着不可替代的重要作用。

改革开放以来，学校体育工作发展较快，体育场馆现代化设施建设速度加快，体育活动日益丰富，青少年学生的营养水平和身体形态发育水平不断提高，各级教育行政部门和学校要从提高全民族素质的战略高度，深刻认识加强学校体育工作、促进青少年学生健康成长的重要意义，认真落实健康第一的指导思想，切实增强责任感和紧迫感，把加强学校体育作为实施素质教育的重要突破口，不断深化学校体育改革，认真研究解决存在的问题，着力提高学校体育工作水平。

建立健全学校体育工作各项规章制度，全面贯彻执行《学校体育工作条例》和《学校卫生工作条例》，依法保证学校体育课的开设和课外体育活动的开展。继续改善学校体育卫生设施，加强体育师资队伍建设，健全青少年学生体育工作体系，逐步完善学校、社区、家庭相结合的青少年学生体育网络。

一、突出课堂教学，严格执行国家课程计划，开齐开足上好体育课

体育课时要按照国家课程计划规定，确保小学1～2年级每周4课时，小学3～6年级和初中每周3课时，高中每周2课时。积极实施新的体育课程标准，根据不同年龄学生的身心发展特点选择教材和教学形式，提高课堂教学质量和效益。教学中要增加身体素质和体能练习的比重，积极培养学生自我锻炼能力和创新能力。

二、广泛开展“全国亿万学生阳光体育运动”，确保学生每天运动1小时

中小学全面实行大课间体育活动制度，每天上午统一安排25～30分钟富有特色的大课间体育活动。大课间体育活动时段内认真组织学生开展广播操、校园集体舞及有本校特色的体育活动。没有体育课的当天下午安排1课时的体育活动，列入学校课表。大课间体育活动及课外体育活动由班主任和体育教师共同组织实施。寄宿制学校每天要组织学生早锻炼。

三、全面实施《国家学生体质健康标准》，完善学生体质健康和学校体育评价机制

建立健全《国家学生体质健康标准》测试报告书和公告制度。各级各类学校要组织学生开展各种形式的锻炼活动，认真参加体质测试。学校要配齐测试器材，规范测试方法，加强对测试工作的监管，确保测试数据的客观真实性。学生体质健康测试结果纳入对学生的评价报告。学校测试的结果定期向上级教育行政部门、社会和家庭公告，并列为学校业绩考核的重要指标。

四、进一步巩固和完善初中学生毕业升学体育考试制度

科学合理设置考试项目内容和评分标准，适当提高区分度，逐步加大体育考试成绩在中考总分中的比例。全面实施高中学生综合素质评价，从2008年起，凡国家三级以上运动员、参加省级教育行政部门组织或认可的体育竞赛活动获单项前六名或集体比赛前六名，参加市级教育行政部门组织或认可的体育竞赛活动单项前四名或集体比赛前四名的主力队员、体育课考核成绩和《国家学生体质健康标准》达到优良级者可评为A级，并记入档案供高校录取时参考。

五、建立健全学生体育竞赛制度

每四年举行一届综合性运动会，每两年举行一届专项性运动会。各市（县）、区教育行政部门、市学校管理中心要建立中小学体育竞赛制度，学校每年至少要举办一次体育运动会、一次体育文化科技节，注重培养学生的体育兴趣和特长，使每个学生都能掌握两项以上的体育运动技能。结合学校实际情况因地制宜地开展以班级为单位的体育竞赛活动，做到人人有参赛项目，班班有体育活动，校校有体育特色。

六、切实减轻学生过重的课业负担，保障学生的睡眠和体育锻炼时间

小学、初中、高中学生每天在校集中学习时间分别不超过6小时、7小时、8小时，睡眠时间分别不少于10小时、9小时、8小时。学校作息时间向学生家长通报，并接受社会监督。

七、建立完善学生健康体检制度

教育行政部门和学校要定期为学生进行健康检查。学校每学期要

对学生视力状况进行两次监测，坚持每天上下午做眼保健操，帮助学生掌握科学用眼知识和方法，降低近视率。加强学校食品和饮用水卫生专项监督检查，各地每年要组织3~4次定期与不定期检查。学校要有针对性地加强心理健康教育，逐步建立健全青少年心理健康教育、指导和服务网络。

八、完善大中专院校、高中阶段学生军训制度

按纲施训，丰富军训内容；在义务教育阶段学校开展“少年军校”活动。

学生在校伤害事故处理

1. 学校的校舍、场地、其他公共设施，以及学校提供给学生使用的学具、教育教学和生活设施、设备不符合国家规定的标准，或者有明显不安全因素的。

2. 学校的安全保卫、消防、设施设备管理等安全管理制度有明显疏漏，或者管理混乱，存在重大安全隐患，而未及时采取措施的。

3. 学校向学生提供的药品、食品、饮用水等不符合国家或者行业的有关标准、要求的。

4. 学校组织学生参加教育教学活动或者校外活动，未对学生进行相应的安全教育，并未在可预见的范围内采取必要的安全措施的。

5. 学校知道教师或者其他工作人员患有不适宜担任教育教学工作的疾病，但未采取必要措施的。

6. 学校违反有关规定，组织或者安排未成年学生从事不宜未成年人参加的劳动、体育运动或者其他活动的。

7. 学生有特异体质或者特定疾病，不宜参加某种教育教学活动，学校知道或者应当知道，但未予以必要的注意的。

8. 学生在校期间突发疾病或者受到伤害，学校发现，但未根据实际情况及时采取相应措施，导致不良后果加重的。

9. 学校教师或者其他工作人员体罚或者变相体罚学生，或者在履行职责过程中违反工作要求、操作规程、职业道德或者其他有关规定的。

10. 学校教师或者其他工作人员在负有组织、管理未成年学生的职责期间，发现学生行为具有危险性，但未进行必要的管理、告诫或者制止的。

11. 对未成年学生擅自离校等与学生人身安全直接相关的信息，学校发现或者知道，但未及时告知未成年学生的监护人，导致未成年学生因脱离监护人的保护而发生伤害的。

12. 学校有未依法履行职责的其他情形的。

体育运动伤害事故原因

一、学生因素

1．安全意识淡薄，思想麻痹大意。它是所有运动损伤因素中最主要的因素。其中包括运动前不检查器械、运动前准备活动不充分、预防措施不得力、好胜好奇，常在盲目和冒失行动中受伤。

2．心理因素不稳定。运动情绪低下，或在畏难、恐惧、害羞、犹豫以及过分紧张时容易发生伤害事故。有时因缺乏运动经验、缺乏自我保护能力致伤。

3．缺乏体育运动基本常识和自救措施。

4．技术动作不合理，内容组合不科学。

5．组织纪律观念较差。不能完全按照体育老师和管理人员的要求进行练习和比赛。

二、教师因素

1．教师责任心不强。不能实施合理地保护和帮助措施，不能认真检查和排除事故隐患。

2．组织教学不当。不能根据体育教学规律及学生的身心特点，严格按照大纲内容、教学步骤组织教学，或不能根据学生的实际情况或气候特点，做好充分的准备工作。

三、学校因素

1. 学校体育场地设施不安全。体育场地设施、器材的维修不及时；保护措施不当，对体育设施安全性不重视，学生破坏严重；管理责任模糊，管理人员专业素质不高。

2. 卫生保健制度不健全。有些学校卫生保健制度不健全，没有对学生进行相应的体格检查或检查不认真。

3. 安全教育没有落到实处。根据对学校安全教育情况的调查发现，有21.8%的学生没有进行过安全教育，只有9.7%的学生经常接受安全教育。

四、其他因素

空气污浊、噪音、光线暗淡、气温过高或过低，以及运动服装不符合要求等原因，都可直接或间接造成伤害事故。

学生安全体育运动的建议

1. 加强思想品德教育、增强防范意识。学生好胜心强，经验不足，思想上麻痹大意，缺乏预防事故的意识，教师要教育学生树立“宁失一球，勿伤一人”的思想。

2. 完善活动设施的建设和管理。运动场地要保持平整，不应有坑洼、石块、杂物等，地面不宜太硬、打滑；球架、球门要定期检修；室内球场注意通风、采光。

3. 教学和训练、竞赛活动必须精心设计、严密组织、严格要求、严格训练。

（1）建立良好教学秩序、重视课前准备。教师、学生着装规范，必须穿着体育服装、运动鞋上课。

（2）精密组织教学，加强纪律教育。体育教师必须经常反复地向学生进行遵守纪律、遵守常规、服从组织、遵守游戏规则等方面的教育。

（3）培养学生自我保护、相互保护的意识。

（4）体育教师应掌握特异体质的学生情况，掌握合理的运动量，注意区别对待。在运动量的掌握上，教师要随时注意学生的生理反应，进行合理调整。教师对于病痛、体弱、伤残的学生要及时关心，安排他们免修、见习等。

4. 重视准备活动、加强医务监督。教师应根据上课内容和气候情况决定准备活动的内容，严禁不做准备活动就直接进入体育活动，准备活动要充分、有针对性。

5. 加强保护措施。严格裁判，禁止粗野动作，不使用错误的推、拉、撞等危险动作。加强组织领导，建立和健全规章制度。

体育伤害事故的法律责任

在学校体育伤害事故的民事法律责任中，在归责原则上可适用过错责任原则，关键是如何在实践中准确界定学校有无过错。

学校有过错，就应当负赔偿责任。学校无过错，就不负赔偿责任。学校有部分过错，就应当承担部分法律责任。

值得引起注意的是由于意外事件而导致的学生伤害事故。这种情况下学校是否承担责任，目前在法学界还存在着争议。

所以应当根据《民法通规》第 132 条的规定，由学校根据公平责任原则承担部分责任，即根据伤害的程度、双方的经济情况、社会的舆论等因素，由学校分担部分责任。

第九单元

校园运动安全主题活动

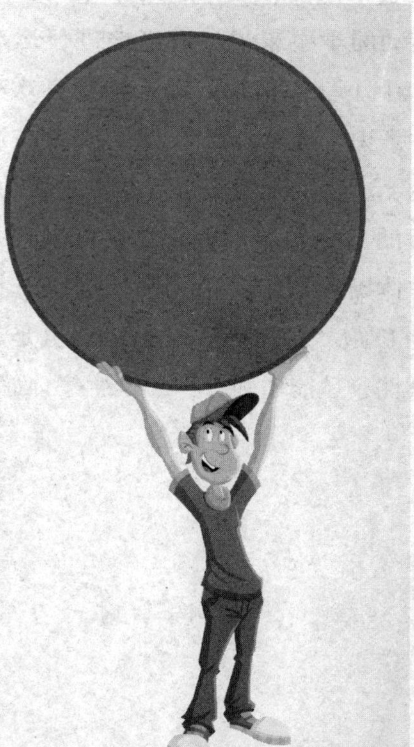

活动对象

中小学生是活动的主要对象。

中小学生是社会未来的接班人，对于平时忙着上学，很少有时间进行自己喜欢的运动的学生来说，适当地进行运动锻炼成了满足运动愿望的最大寄托。中小学生都很好动，特别喜欢上体育课。但是由于他们缺乏自我保护意识，经常在体育课上或者在运动时发生这样那样的受伤事故。因此，应特别开展安全活动主题活动。

对于运动项目的选择，低年龄段学生可以选择灵敏性、速度类的项目，比如武术、体操等。年龄稍大的，可以选择速度、耐力类的综合性项目，比如中长跑、游泳等。球类运动也是非常好的选择，不仅能锻炼耐力、灵敏性，还能增强青少年学生集体感和团队精神。

活动背景

现在流行“全民健身”，大家都掀起了运动热潮。运动场上到处都是我们同学的身影。但在进行运动时要把握好一根弦，是什么弦呢？它的名字就叫“安全弦”！安全维系着我们每个人的生命与健康，安全维系着每个家庭的幸福与美满。

所以，为了让同学们在愉快锻炼身体的同时，了解一些安全知识，懂得保护自己，特地举行这次活动。

活动目的

1．通过本次主题活动，引导学生学习一些活动安全知识，掌握一些意外伤害的急救方法。

2．增强学生活动安全意识，培养学生自我保护能力，为他们的健康成长打好基础。

3．通过案例使学生了解造成运动事故发生的几种情况。

4．使学生知道进行体育运动活动应注意的事项。

5．对科学锻炼身体有认识，增强自我保护意识。

活动准备

安全工作的基本要求

1．各班主任精心组织，严格把关。对所有参赛学生的身体健康状况，要进行全面细致的了解，做到底数清，情况明。对目前身体状况不适宜做剧烈运动的学生，其原有竞赛成绩再好也不准参赛。

2. 要全方位做好学生的安全教育工作。

本着“友谊第一，比赛第二”的原则，鼓励广大学生积极投入或关注本次运动，做好海报宣传的工作。要求各班主任在运动会前对本班学生进行运动会安全教育：一是要注意交通安全，班主任要教育参加运动路途较远的所有学生尽量由家长接送或乘公交车，家住得近的学生可步行来回，途中要注意交通安全；二是要注意比赛安全和观赛安全。班主任老师要教育运动员在比赛中要听从指挥，尊重裁判，不违章操作，行为不鲁莽，运动员比赛完毕就要及时出场；教育非运动员在运动会期间，按照指定位置就座，文明观看比赛，不得擅自离开观看场地，严禁非运动员到比赛场地观看、接人、带跑，拉拉队宣传语言要健康向上，感召力要强。所有学生观看比赛时，不得往场地里扔东西来宣泄兴奋或愤怒；三是要注意饮食安全。教育学生不买、不食“三无”食品，尤其是流动摊贩食品。四是要关注午间休息安全。要求班主任组织学生午间在场内就地休息，学生在场内不得玩打扑克等不健康娱乐活动，不得带电子游戏机、手机等娱乐工具。尤其强调不准吸烟、喝酒。

3. 要切实加强安全保卫工作。首先学校积极建立安全保卫小组，并安排2名校警参与现场安全保卫工作，其中一名保卫人员站在唯一的出口处管理进出，根据大会要求，只有班主任的出门单才允许临时离场，其余学生一律等到比赛结束方可离场。另一名保卫人员在场内四处走动，关注场内学生的活动安全。其次增强裁判员责任心，一切要按照规定的程序开展比赛。要求各班班主任不得远离运动场，对正在参加比赛的运动员要密切注意其身体健康状况，以便及时处置突发事件。三是安排部分学生和老师担任场内安全保卫组工作人员，全天候安全监察场内的安全情况，发现隐患及时报告，确保运动的安全顺利进行。最后是两名校医一直等候在现场直至比赛结束。

对易发事故的估计和应急措施

比赛期间一旦发生突发性事件，安全工作领导小组成员必须立即作出反应，及时了解和分析事件的起因和发展态势，采取措施控制事件的持续时间和影响范围，将危险降低到最小限度。

1．当遇到突发事件时，与会师生应按照预案要求坚守岗位，各司其职，听从大会统一指挥，开展救护工作，将事故的危害降低到最低程度。严禁私自行动。

2．如遇天气原因和突发事件（自然灾害、暴力侵害等），立即启动安全预案，要求广大师生应保持镇定，教师组织学生听从大会指挥，有序撤离。切勿惊慌乱跑，造成混乱，班主任做好本班稳定工作。安全领导小组应将情况在第一时间迅速上报相关上级部门，请就近医院、派出所等有关部门协助救助并与家长取得联系。

3．一旦运动员出现挫伤、扭伤、肌肉拉伤等一般性损伤或剧烈呕吐、眩晕、骨折、休克等较重症状时，要采取以下措施：

（1）各班班主任要立即向安全工作领导小组报告。

（2）领导小组组长立即派校医到现场救护。

（3）班主任老师及时拨打 120 或直接用学校校车接送，做好抢救的准备工作。并安排班主任护送伤者到医院救治。

（4）及时联系家长，通知家长到医院。

（5）医务室应提前准备好基本的急救药品和器械。

4．校警严禁校外人员进校观看比赛，经劝阻不离开运动场的，可由保卫人员劝其离开；校外人员想私闯进场地滋事，与校警或校内人员发生冲突且情节严重的，领导小组应及时予以制止，拒不配合的，视情况打 110 报案。

5．任何人员如因不坚守岗位、不认真履行职责，如因失职造成安全事故，其损失由当事人部分承担，并按学校工作制度进行相关处理。

6．出现任何突发事件都要在第一时间与领导小组取得联系。

活动过程

主题导入

主持：学校师生的生命安全问题，已成为社会、教育行政部门、学校关心的热点问题。作为学校教育重要组成部分的体育课，由于自身的特点或其他各种因素，伤害事故偶有发生，成为学校教育过程中的不安全因素。那么，如何正确处理体育教育与安全问题，减少、避免体育教育中伤害事故的发生，成为体育教育工作者必须进行思考、分析、研究的重要课题，制定相应的安全措施也是相当必要的。因此，我们这周班会课的主题：学习体育课、体育活动安全措施。

教师讲解校内参加各项活动应注意事项

1. 在操场上运动的自护措施：

（1）准备：换胶底鞋，防滑并且增加弹性。女生摘掉发卡等饰物，衣兜不装东西。全身准备活动，以防肌肉拉伤、扭伤。

（2）服从：在教师指导下做器械运动，投掷运动要听口令，闪开跑道以免冲撞。

（3）严肃：做动作时态度要严肃，如在做垫上运动嘻嘻哈哈，容易扭伤颈部，会伤害脊柱或大脑。

（4）处理：一旦受伤，不要着急，乱搬乱揉会加重伤势，要请校医来处理伤口，伤情彻底养好再运动。

2. 课间活动的注意事项：

在每天紧张的学习过程中，课间活动能够起到放松、调节和适当休息的作用。课间活动应当注意以下几方面：

（1）室外空气新鲜，课间活动应当尽量在室外，但不要远离教室，以免耽误下面的课程。

（2）活动的强度要适当，不要做剧烈的活动，以保证继续上课时不疲劳、精力集中、精神饱满。

（3）活动的方式要简便易行，如做操、游戏等。

（4）活动要注意安全，要避免发生扭伤、碰伤等危险。

3. 运动时衣着上的注意事项：

全身性运动，活动量大，还要运用很多体育器械，如单双杠、铅球……所以为了安全，衣着有一定的讲究。

（1）上衣、裤子口袋里不要装钥匙、小刀等坚硬、尖锐锋利的物品。

（2）不要佩带各种金属的或玻璃的装饰物。

（3）头上不要戴各种发卡。

（4）尽量不要戴眼镜。

（5）不要穿塑料底的鞋或皮鞋，应当穿球鞋或一般胶底布鞋。

（6）衣服要宽松合体，最好不穿钮扣多、拉锁多或者有金属饰物的服装。有条件的应该穿着运动服。

4. 运动时应注意的安全事项：

运动在中小学阶段是锻炼身体、增强体质的重要课程。运动时的训练内容是多种多样的，因此安全上要注意的事项也因训练的内容、使用的器械不同而有所区别。

（1）短跑等项目要按照规定的跑道进行，不能串跑道。这不仅仅是竞赛的要求，也是安全的保障。特别是快到终点冲刺时，更要遵守规则，因为这时人身体的冲力很大，精力又集中在竞技之中，思想上毫无戒备，一旦相互绊倒，就可能严重受伤。

（2）跳远时，必须严格按老师的指导助跑、起跳。起跳前前脚要踏中木制的起跳板，起跳后要落入沙坑之中。这不仅是跳远训练的技术要领，也是保护身体安全的必要措施。

(3) 在进行投掷训练时，如投手榴弹、铅球、铁饼、标枪等，一定要按老师的口令进行，令行禁止，不能有丝毫的马虎。这些体育器材有的坚硬沉重，有的前端装有尖利的金属头，如果擅自行事，就有可能击中他人或者自己被击中，造成受伤，甚至发生生命危险。

(4) 在进行单、双杠和跳高训练时，器械下面必须准备好厚度符合要求的垫子，如果直接跳到坚硬的地面上，会伤及腿部关节或后脑。做单、双杠动作时，要采取各种有效的方法，使双手握杠时不打滑，避免从杠上摔下来，使身体受伤。

(5) 在做跳马、跳箱等跨越训练时，器械前要有跳板，器械后要有保护垫，同时要有老师和同学在器械旁站立保护。

(6) 前后滚翻、俯卧撑、仰卧起坐等垫上运动的项目，做动作时要严肃认真，不能打闹，以免发生扭伤。

(7) 参加篮球、足球等项目的训练时，要学会保护自己，也不要在争抢中蛮干而伤及他人。在这些争抢激烈的运动中，自觉遵守竞赛规则对于安全是很重要的。

同学们，今天我们学习了解有关体育课、体育活动安全措施方面的知识，我们应该在活动中时刻有安全意识，落实好各项运动安全措施，减少、避免体育活动中伤害事故的发生，营造安全、和谐的美好校园。

小品《跳绳》

主持：了解了这么多安全常识，下面再请大家观看小品《跳绳》

小品表演：（剧中人物为：A、B；时间是放学路上；准备饮料、跳绳）

A：哇，好漂亮的跳绳，啥时候买的？

B：前天，是爸爸给我的生日礼物。

A：我们一起来玩吧 。

B：好吧（两个学生跳得满头大汗，口渴了）。

A：渴死了，我想喝饮料。

B：听老师说好像运动后不能马上喝水的。

A：没关系，那有一瓶我饮料，太棒了！（一把抓起来，喝进肚子）

A：啊，我的肚子呀！好疼，好疼～～～（表演者归队）

主持：同学们，看了这个小品后，你觉得他们做得对吗？错在哪里呢？指名说。（略）

主持：是呀，这多危险呀！为了解一时的口渴，吃坏肚子了，运动安全的知识我们随时都要注意呀！

体育活动安全知识竞赛

主持：首先是必答题，每一小队都必须回答 2 道题，答对一题得一颗星。

1. 体育活动结束后：A 马上喝冷饮 B 休息一段时间再喝

2. 上体育课要穿：A 运动鞋 B 凉鞋

3. 进行跑步前：A 要进行放松活动 B 马上开始跑

4. 跑步摔倒腿擦伤，应该怎么做：A 用水冲洗伤口 B 先让老师对伤口消毒，再上药

5. 假如奶奶在马路的对面叫你，你应该怎么做：A 穿越护栏过去 B 绕到人行横道上再过去

6. 绿灯还剩 2 秒时，你应该怎么做：A 等下一个绿灯再过马路 B 赶紧冲过马路

7. 乘坐公共汽车时，应该：A 先挤上车，再让别人下车 B 先等别人下车，再上车

8. 有车祸发生时，坐在前排的乘客，应该：A 赶紧拨打 110 请求救援 B 在一边看热闹

主持：现在我们来看看各队的得分情况。

接下来是抢答题，各小队注意，必须听完我的题目，等我说开始的时候才可以抢。

1. 运动后能马上洗澡吗？A 不能 B 能

2. 今天头很痛，还坚持上体育课：A 对 B 不对

3. 跑步结束后，能不能马上坐下来休息？A 不能 B 能

4. 郊游时要互相帮助，不让一个同学掉队。A 对 B 不对

5. 路边卖的食物很安全，都可以吃。A 对 B 不对

6. 火灾逃跑时，遇到浓烟，应直立行走。A 对 B 不对

7. 千万不要把陌生人带回家。A 对 B 不对

8. 游泳时可以在水中打闹。A 对 B 不对

师生一起讨论分析运动伤害事故发生的原因

1. 因设施存在安全隐患而导致的伤害。是指因学校的场地、设施、器械等不符合国家或有关部门的安全标准，存在安全隐患而导致的学生伤害事故。

案例 1：某学校的体育课上，一男生在自由活动时跃起抓住足球门栏，但因该门栏固定不牢，导致门栏翻倒压在该男生的腹部，造成重伤。

2. 教学内容超过学生的正常承受能力。是指因为体育课的教学内容、难度、强度等明显超过了学生的正常身体承受能力而导致的学生伤害事故。

案例 2：某小学四年级体育课上，教师在 32 米的距离内用板凳设置四道障碍，要求学生越障碍往返跑。练习中，学生高某在越障碍时被板凳绊倒摔伤，被送往医院治疗。该学生家长与学校协商未成，向法院提起诉讼。经法院审理查明，该体育课教学内容安排违反了原国家教委《全日制小学体育教学大纲》的规定，其强度和难度均超过了四年级学生的承受能力。法院因此判决学校支付医药费、护理费、交通费等费用。

3. 教师在组织教学中的过失。是指体育教师在教学过程中因为存在某种过失，如未及时要求和提醒学生上体育课的注意事项，未充分进行运动前的热身，未采取必要的保护措施，上课过程中放羊式教学以及擅离职守而导致的学生伤害事故。

案例3：某中学一名高一女生在体育课进行前滚翻练习时，裤兜中装有的钩针扎入小腹，造成重伤。经查，该体育教师课前未对学生上课的装束、携带物品等做过必要的要求和提醒。

4. 学生自身健康原因导致的伤害。是指因为学生身体本身存在着某种不适于体育锻炼的疾病而导致的学生伤害事故。

案例4：某中学高一学生张某在400米跑测试中突然倒地，昏迷不醒。教师及时将张某送往医院，但终因抢救无效而死亡。后经查明，张某患有先天性心脏病，但其为了顺利被该中学录取，故意隐瞒了病情，而且为了不使学校发觉，坚持参加了体育测验。

5. 第三人的过错导致的学生伤害。是指在体育课进行当中，由于除体育教师和受伤害学生之外第三人的过错而导致的学生伤害事故。

案例5：某校初一学生正上体育课，一只狗突然闯进人群，将12岁的学生吴某咬伤。因当地医疗条件差，狂犬疫苗三天后才买到，吴某于一周后因狂犬病发作而死亡。

6. 意外事故导致的学生伤害。是指由于体育教师和学生不能预见、不能抗拒的原因发生的学生伤害事故。

案例6：某校高二学生体育课上，体育教师带领学生做完准备活动之后，组织学生练习跳绳，教师在一旁看护。学生徐某在跳绳时不慎被绳绊倒，腹部着地，造成脾脏外伤性破裂。

体育活动安全“拍手歌”

主持：我们是21世纪的主人、是祖国的未来、民族的希望。小学生，年龄小，运动安全很重要；体育规则一条条，一条一条要记牢。请听《运动安全“拍手歌”》。（略）

活动反思

运动安全是学校的大事，是班级的大事，也是我们每个同学学习期间的大事，同学们积极参加是好事，但也不能不爱惜自己的身体，损伤自己的身体。这次主题活动，通过丰富多彩的形式，使同学们掌握了运动安全的基本常识，体验了参与的快乐。让大家懂得了在不损伤自己的身体健康的前提下，长期参加运动锻炼，这次活动，进一步增强了大家的安全意识和自我保护意识，基本达到了这次主题班会应该达到的目的。

单元练习

一、填空题

1. 学校体育是加强学生爱国主义和（　　）、（　　）、（　　）的重要途径，对青少年（　　）、（　　）、（　　）的形成以及学生体质的增强和国民健康素质的提升有着不可替代的重要作用。

2. 运动情绪低下，或在（　　）、（　　）、（　　）、（　　）以及（　　）时容易发生体育伤害事故。

3. 共青团中央、教育部、国家体育总局决定，从2007年起在全国各级各类学校中广泛开展（　　）。

二、问答题

1. 学生体育运动伤害事故的成因中学生因素有哪些?

2. 学生安全体育的建议有哪些?

3. 阳光体育的指导思想是什么?

4. 学生体育课应急预案有哪些?

5. 学生体育运动的重要因素有哪些?

6. 学生体育课应注意哪些防范?

综合练习

一、填空题

1. （　　）可以培养吃苦耐劳的精神和坚韧不拔的毅力，是男女老少四季皆宜的户外运动。

2. 现代乒乓球大约在（　　）年传到中国。

3. 游泳是凭借自我支撑力和推进力在水中游动的一项运动，包括（　　）和（　　）。

4. 夏天运动后不要喝凉水，可以喝些（　　），防止中暑；运动后及时擦净汗水穿好衣服，不要立即（　　），以防感冒。饭前饭后及睡觉前不要做（　　）。

5. （　　）传说起源于公元前2000多年的古代中国，是世界上最古老的棋类游戏之一，也是中国古代文化的瑰宝。

6. 下午第二节课后或傍晚前的体育锻炼被认为是一天中最佳的锻炼时间，此时可安排较大运动量的运动，时间最好在（　　）左右。

7. （　　）是冬季运动最常见的一种局部冻伤。

8. 出汗失水也丢失盐分，因此有必要在补水的同时加入一定量的（　　）。

二、问答题

1. 田径运动包括哪些？

2. 羽毛球运动有哪些好处？

3. 冰上运动基本知识有哪些？

4. 教室内活动应注意哪六防？

5. 集体活动要注意哪些问题？

6. 发生中暑时应怎样处理？